AF452587

Messieurs les Disciples de St Hubert

PARIS
LIBRAIRIE J. ROTHSCHILD
Lucien LAVEUR, Éditeur
13, Rue des Saints-Pères
—
1905

MARCEL D'HERBEVILLE

Messieurs les Disciples de St HUBERT

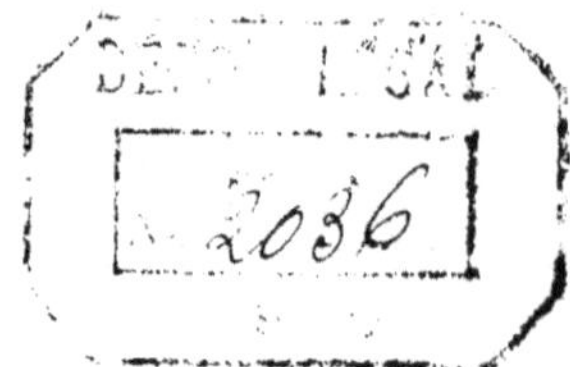

OUVRAGE ORNÉ DE NOMBREUSES PHOTOGRAVURES
(Clichés du *Sport Universel Illustré*)

PARIS

LIBRAIRIE J. ROTHSCHILD

Lucien LAVEUR, Éditeur

13, rue des Saints-Pères

1905

Messieurs les Disciples de St Hubert

COMMENT ON DEVIENT CHASSEUR

— Vous ne chassez pas ?

— Ma foi non !

— Alors, que pouvez-vous bien faire de vos dimanches ?

Allons, messieurs les statisticiens, combien de fois cette question est-elle posée par jour — rien qu'en France ? Allongez les chiffres, additionnez les colonnes, voici de la besogne !

Pour ceux qui pratiquent le sport cynégétique, n'y a-t-il pas là un mystère incompréhensible ?

Vivre sans chasser!... est-ce bien vivre? Cela peut-il se concevoir ?

Mais d'où vient donc cette rage de destruction, ce désir de tuer, si énigmatique pour les athées en la religion de saint Hubert?

L'instinct de la chasse est, à coup sûr, inhérent à l'homme. Je n'irai pas rechercher les causes de cet instinct — bien connues, du reste — et qui s'expliquent à l'origine dans le besoin de vivre et de se procurer de quoi vivre. Actuellement, ces raisons n'existent plus, puisque, à l'inverse des temps primitifs, la chasse coûte, et coûte fort cher, au lieu d'être un rapport. Elle n'est plus une nécessité : elle est un luxe. Cette modification n'a pu tuer l'instinct, pas plus que celui du chien d'arrêt accoutumé à travailler pour son maître, tandis que, livré à ses propres sentiments, il irait bel et bien le faire pour son propre compte. Mais alors, pourquoi, parmi les gens fortunés, j'entends, certains sont-ils chasseurs et d'autres ne le sont-ils point ? L'atavisme entre certainement en ligne de compte et tel fils ayant un père amateur, aura plus de chances de devenir lui-même chasseur qu'un autre dont les parents ont ignoré les joies chères à tant de nous. Je crois néanmoins que l'on peut dire sans crainte de se tromper « dans tout enfant il y a un chasseur qui sommeille ». Cet instinct se développera-t-il ? *That is the question !* Le plus souvent il se développera si, autour de lui, le gosse entend narrer des récits de chasse : son esprit imitatif de petit singe, cherchera à faire comme ceux qui l'entourent. Lorsque son père revenant d'une battue rapportera *at home* un carnier gonflé de gibier, l'enfant tout petit, encore dans les bras de sa

LE LAPIN BLANC, TOUJOURS TUÉ ET JAMAIS MORT !

nourrice, ne manquera pas de pousser des cris d'admiration à la vue des faisans au plumage chatoyant ou de terreur curieuse, à l'aspect du lièvre dont la taille lui fait peur. Dès qu'il pourra marcher il prendra un bâton et fera des « boum boum » pour tuer à nouveau les victimes. Puis il réclamera avec un entêtement sans bornes, un fusil pour son jour de l'an : une fois armé, il se croira un personnage important.

Sitôt qu'il sera en âge de dîner à table, il sera sage, très sage, comme une image, lorsque la conversation tombera sur la chasse, de crainte d'être mis à la porte, et de perdre le fil de l'histoire. Au récit de la mort d'un chevreuil il ouvrira des yeux grands comme une porte cochère, et oubliera de manger..., puis, la nuit dans sa pauvre petite cervelle de bambin, il se verra en rêve, déjà guêtré et ramassant un capucin qu'il serait bien embarrassé de porter dans la réalité.

Avec un pistolet de deux sous — un de ces petits pistolets à air avec un bouchon au bout — il ira tuer les mouches sur les vitres, jusqu'au jour où le jouet lui sera retiré parce que, dans son ardeur cynégétique, il aura fait passer le bouchon au travers du carreau.

A sept ans — l'âge de raison — on lui donnera un petit fusil à capsules ; il s'amusera dans la campagne à tirer les feuilles qui tombent des arbres ou à pourchasser les lézards qui se chauffent au soleil, sur les murs crevassés. Avec une arbalète il en tuera quelques-uns. Son esprit inventif lui fera fabriquer un lance-pierres et les pierrots auront à se méfier de son adresse.

A douze ans — le voici déjà presque un homme — en grande pompe et s'il a bien travaillé on lui fera présent d'une carabine. Ses vœux alors seront comblés !...

Il est devenu un vrai chasseur ! Il va déjà détruire et tuer pour le plaisir de tuer. Du matin au soir il affutera les moineaux à la basse-cour. Les gosses du jardinier ou du cocher lui feront des battues. Dans son langage les pierrots deviendront des perdreaux ; les merles des faisans ; les grives des bécasses : parce qu'elles sont de passage. Là-bas, au bout du grand parc, les oiseaux ont coutume de venir se coucher au retour des champs. Il connaîtra la place et jusqu'à la brume, il se tiendra immobile sous un arbre. retenant son souffle et cherchant de ses yeux de chat à distinguer un oiseau au plus touffu du feuillage. Les grives surtout, au moment du passage, seront son gibier de prédilection ; il saura se ménager un abri auprès d'un sorbier et les guettera de longues heures. aux matins d'automne, quand elles passent dans le brouillard.

Enfin... il aura son permis après un succès au baccalauréat... Et voici une nouvelle génération de chasseurs pour remplacer les vieux que la goutte et les rhumatismes retiennent au coin du feu. avec. comme consolation, le souvenir ! — Je ne parlerai pas de ceux qui se mettent à chasser sur le tard : jamais on ne pourra les classer dans la « véritable confrérie ».

— Ils resteront le plus souvent des chasseurs d'occasion.

La passion de la chasse est salutaire aux enfants. La marche développe, le grand air fortifie les poumons! Chez l'homme il faut une passion — celle de la chasse vaut... mieux que tout autre !

Tiens ! mais j'y pense !... les mouches tuées aux carreaux par le bambin de cinq ans avec un pistolet à bouchon : le pierrot tué avec une carabine par le gosse de douze ans : le perdreau abattu par l'homme avec un fusil proportionnellement aussi grand ; tout cela ne se ressemble-t-il pas étrangement ? Bah ! ne sommes-nous pas tous de grands enfants? Et cette vérité, vieille comme le monde, me servira de conclusion : je n'aurai pas ainsi besoin de me creuser la tête pour en trouver une nouvelle qui ne le serait probablement pas non plus !

A LA GARE SAINT-LAZARE : VEILLE D'OUVERTURE

UNE VEILLE D'OUVERTURE

Samedi 31 août, 3 heures. — J'ai le temps pour mon train ; je vais aller m'installer dans une des gares les plus fréquentées de la Capitale... Rien ne m'amuse comme de voir les têtes de ceux qui partent pour sacrifier à saint Hubert.

Je suis en avance, pas grand monde encore ; je m'asseois sur un banc de pierre et pense mélancoliquement aux tuiles qui peuvent tomber sur les pauvres chasseurs quelques jours avant l'ouverture. J'y pense malgré moi, car j'en ai reçu une... de tuile..., avant-hier un télégramme de mon garde, terrible dans sa simplicité : « Vénus, morte subitement ». Vénus ? mais c'est ma chienne préférée... Pauvre vieille ! Nous en avons fait des chasses tous deux et des déplacements ! Nous étions si habitués l'un à l'autre ! Et déjà, elle sentait que l'ouverture arrivait. —

Mais sa patronne avait probablement envie de faire l'ouverture elle aussi... et moi, je reste seul à pester contre un chien au dressage probablement mal fini — contre une rosse qui mènera les perdreaux à voix et attrapera les lièvres à la course ! Misère de misère... ça guigne verdâtre quoi!

Il en arrive bien d'autres tuiles aux chasseurs quoique celle-ci soit de taille. Un parent éloigné qui choisit le grand jour pour se faire enterrer (sûrement je mettrai sur mon testament que je ne veux pas être enterré un dimanche d'ouverture..., et puis, défense aux parents et amis de venir se raser à ma cérémonie..., s'il y a un là-haut je ne tiens pas à les entendre jurer ; qu'ils aillent donc battre plaine et bois).

Un fusil qui se détraque en pleine chasse et pas d'autre pour le remplacer. Un armurier qui vous donne des cartouches de 16 quand vous avez un calibre de 12 ! que sais-je encore... Grand saint Hubert, veillez sur nous ! Tiens, voilà qu'on arrive..., pas mal ce chasseur tout harnaché, guêtré, avec son carnier plein de victuailles et de bouteilles... Aura-t-il aussi lourd de gibier demain ?... j'en doute !

Oh son chien ? Voyons quelle race ? *Quelles races* plutôt ! Croisé Saint-Bernard, loulou et caniche, peut-être a-t-il aussi un peu de chien berger... il doit courir rudement vite...

UN PORTE-CARNIER FAMILIAL

Ce petit jeune homme qui arrive en voiture doit sûrement faire sa première ouverture : complet toile 17,95, guêtres toile 3,25, bottines 12,50, chapeau toile 2,95. C'est tout ! « Faut-il vous expédier Monsieur ? » Il a un chien aussi le petit jeune homme ; drôle de gueule, son chien, mâtiné cochon d'Inde, probablement. Je ne serais pas surpris que cette bête extraordinaire, vînt en droite ligne du marché aux chiens : un louis et un petit verre... c'est pour rien.

Oh ! mais voici des gens cossus ; en landau, mazette ! Ils ont un peu beaucoup de bedon ces messieurs ; je suis sûr qu'ils vont bien dîner ce soir et que demain ils feront la sieste après un copieux déjeuner.

Et le défilé continue : Il y en a qui trimbalent avec eux toute leur famille et fièrement, gravement, le poing sur la hanche, caparaçonnés comme s'ils partaient en guerre, ils attendent l'heure du train et autour d'eux leurs marmots, la bouche bée, les yeux en boule de loto, regardent avec une admiration stupéfaite l'auteur et son chien à la queue enroulée en un vrai serpentin.

— T'as pas oublié la clef. p'pa ? dit l'un d'eux.

— Quelle clef ?

— La clef pour faire l'ouverture !

Des chasseresses aussi — pas très Diane — il n'y a que la chienne qui s'appelle Diane. Mais la bicyclette nous a fait connaître les jambes cagneuses, les mol-

EN WAGON

lets de coq et les attaches en poteaux télégraphiques...
on regarde sans s'étonner.

— Les voyageurs pour...

Bon sang, je rêvassais. Je saute dans le train... il
n'est que temps !

31 août. 9 heures du soir. — « 2 paires ! » « Ça ne
vaut pas la séquance. » Le poker traditionnel de la
veille d'ouverture... mais les joueurs sont nerveux, la
pensée vole vers la plaine où le gibier ce soir dort
tranquillement pour la dernière fois encore que les
braconniers ne viennent pas troubler son sommeil. Et
la conversation retombe toujours sur la chasse, on
tire des plans et on boit ferme en attendant... encore
un peu de sicasse ! (traduisez eau-de-vie), ça donne du
cœur à la partie... mais non. ça ne va plus : Allons,
au plumard !

31 août, 11 heures du soir. — Je ne peux pas dormir, le chien de X... est assommant ; il aboie tout le
temps et les autres si calmes généralement sentent
qu'il va se passer quelque chose d'extraordinaire et
répondent à l'unisson. Je n'entends pas ma pauvre
Vénus !... j'ai le cœur serré.

Minuit sonne... Comme la nuit me semble longue !
Je vois des perdreaux plumés, rôtis, avec au croupion
des plumes de faisans, arrêter mon chien qui se sauve;

voici des lièvres que je tue à coups de bottes et qui disparaissent de mon carnier où je les glisse.

Je vois tout un enchevêtrement de fusils, de chiens, de gibiers... j'ai une araignée dans le plafond !

Nom d'un chien ! on ne m'a pas réveillé et il est 8 heures...

Mais non, je rêvais, on frappe : c'est le garde qui revient de la plaine tout humide de rosée :

— Il est quatre heures, Monsieur, le déjeuner est bientôt prêt.

Nous y sommes enfin, au grand jour ! Nous l'avons assez attendu ! Voici pourtant une année pour notre calendrier : chaque ouverture nous vieillit. Allons ! quoi, des pensées tristes ? Le soleil se lève et j'entends déjà dans la plaine les alouettes qui saluent le réveil de la nature.

Pst ! Cora... tu n'es pas ma pauvre Vénus, mais tu as l'air d'une bonne bête. Fais ton possible pour lui ressembler, et nous serons bons amis.

Il fait grand jour. En route, que diable !

OH LES CHIENS!

Oui ! que va-t-elle valoir, cette Cora ? Pour un bon chien combien en trouve-t-on de médiocres — d'insuffisants — de mauvais ! Le proverbe dit : « Tel maître, tel valet ». Ne pourrait-t-on pas dire aussi : « Tel maître tel chien » ? N'avez-vous pas, en effet, remarqué qu'il existe une certaine similitude entre le caractère des bons toutous et celui de leur proprio ? Et la pensée de Cora — aussi brillante que décevante — m'amène à raconter les histoires bizarres et pourtant véridiques qu'un mien parent — auquel je dois le respect — a eues avec ses chiens. Le proverbe ne sera donc qu'une entrée en matière, et je ne déduirai pas une conclusion de ce qui va suivre.

Ce mien parent a toujours eu pour habitude de changer sans cesse ses compagnons de chasse : il en

a vu de toutes les races et de toutes les couleurs.
Aussi loin que remontent mes souvenirs, le premier
cabot que je lui ai connu était un grand diable de
mâtiné pointer et je ne sais quoi qui arpentait la plaine
avec des foulées de crack. Son nom était Kaoua. Je
me rappelle parfaitement que Kaoua avait une prédilection marquée pour les volailles ; de si loin qu'il
apercevait une cour de ferme, il se trottait y déjeuner
d'un poulet, d'un dindon ou d'un canard. C'était un
chien par trop onéreux, aussi il fut vite remplacé par
Oscar. Oscar était issu de races douteuses et était,
paraît-il, doué de toutes les qualités rêvées pour un
chien d'arrêt. Inutile de dire que la veille de l'ouverture il excita les rires de tous les chasseurs et que ses
débuts étaient annoncés avec impatience. Au matin
du grand jour on commença par prendre en ligne une
pièce de betteraves, d'au moins cinq hectares et située
entre deux fermes. Oscar s en allait, trottinant, cahin-
caha, pas trop loin de son maître, ma foi, et semblait
quêter passablement. Soudain une compagnie de perdreaux, une de ces compagnies encore ignorantes de
ce qu'est le feu, s'enleva en éventail devant les tireurs
la fusillade éclata de toutes parts, et tandis qu'on se
précipitait pour ramasser les victimes, une voix de
stentor retentit : « Oscar, Oscar ! !... »

Oscar avait disparu comme par enchantement et si
loin que s'étendait la vue on ne distinguait plus le

bout de sa queue blanche émerger au-dessus des cou
verts légèrement flous dans la brume matinale.

Après de vaines recherches, son maître prit le parti
de continuer la chasse, mais en passant auprès des
paysans il s'arrêtait, demandant si l'on n'avait pas
vu un chien perdu et donnant avec amples détails son
modeste signalement... personne n'avait vu Oscar.

A midi on revint battre la betterave où l'on avait
commencé à l'aube ; les perdreaux pourchassés y
étaient revenus. C'est alors qu'un porte-carnier scru-
tant chaque motte de terre de son regard perçant à la
recherche d'un lièvre au gite s'écria : « Té v'là
Oscar ! » On s'approcha et l'on vit, — non sans sur-
prise — bien à l'abri des feuilles de betterave, Oscar,
aplati, hypnotisé, immobile tel un marbre, roulant de
gros yeux bons et stupides... « Il était bien dressé au
down », direz-vous. Que non pas! détrompez-vous,
Oscar n'avait jamais eu le moindre dressage à l'anglaise, il était resté près de cinq heures environ dans
cette posture. pour la seule raison que les coups de
fusil l'avaient terrorisé jusqu'au plus complet abrutis-
sement.

Satin remplaça le trop timoré Oscar, mais sa sœur
Nana lui succéda peu après. Au point de vue cynégétique, je ne me souviens plus de ce que valait Nana,
mais elle acquit vite une célébrité, grâce à son intelli-
gence vraiment très remarquable. Mon parent habi-

tait à ce moment Honfleur, et prenait souvent le bateau
pour le Havre, emmenant avec lui sa chienne quand il
allait en déplacement de chasse. Un beau matin,
c'était en été, si je ne me trompe, un ami de mon parent
demeurant au Havre, et dont Nana connaissait la maison, vint à Honfleur et repartit le soir, emportant avec
lui un chiot de la digne bête. Celle-ci se désola de la
perte de son petit, et deux jours après son départ dis-
parut. On la chercha partout sans pouvoir la retrouver. La clef du mystère fut éclaircie par un télégramme : Nana avait pris seule le bateau et était partie pour le Havre ; elle s'était fait évidemment ce raisonnement : « X... a emporté mon gosse, il habite le
Havre à tel endroit, je veux aller le chercher », et la
bonne chienne arriva à son but. Je garantis l'authen-
ticité de l'histoire... Et qui dira, maintenant, que les
animaux ne raisonnent pas ?

Reine, petit avorton de chien, prit la succession
de Nana. Mon parent, — après tout je peux bien vous
dire que c'était mon oncle — la fit couvrir par un très
beau braque bleu d'Auvergne.

— Mon neveu, me dit-il, je vais avoir des bleus
d'Auvergne épatants !

La portée naquit, et les chiots étaient tous couleur des
bleus d'Auvergne, sauf une chienne orange et blanc.
Mon oncle garda cette dernière, trouvant pour la race
la couleur étrange, lui coupa la queue, se mon-

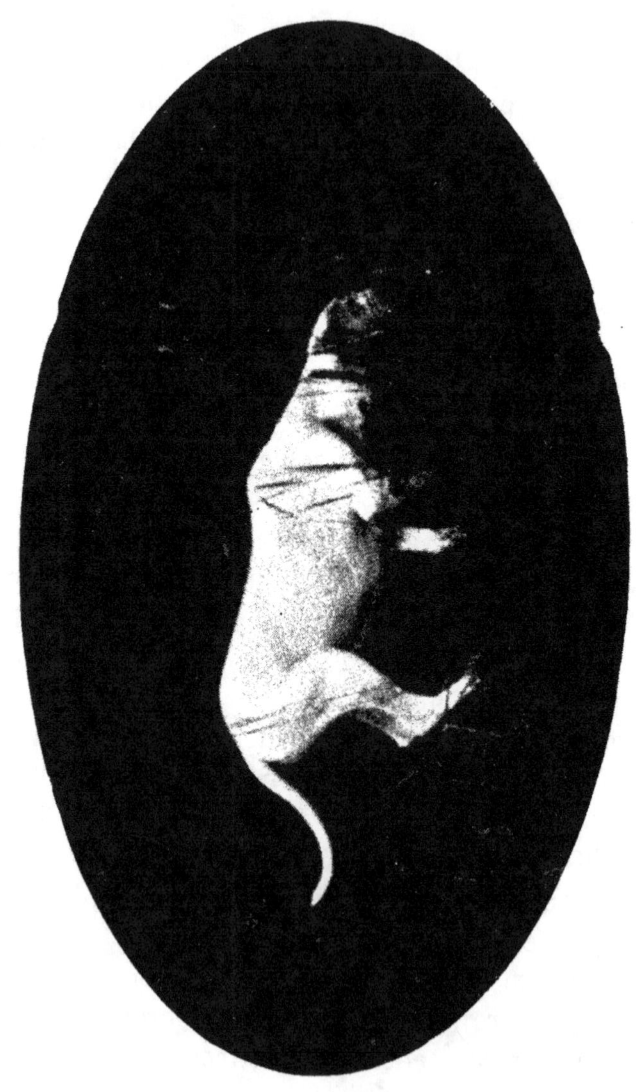

LE CHIEN RÊVÉ, MAIS SI RARE !

tra ravi de sa nouvelle élève qu'il baptisa « Clara ».
N'ayant pas l'occasion de la mettre au lapin, il la prêta
à l'arrière-saison à un de nos amis habitant Paris. A la
fermeture elle lui fut renvoyée à Honfleur, mais il
s'aperçut vite qu'elle était dans une position des plus
intéressantes. Pour décider du sort de la progéniture,
il expédia à l'ami de Paris, un télégramme ainsi conçu :
« Clara pleine, de qui ? »

...Et ce fut sa jeune femme qui ouvrit la dépêche
et se montra fort inquiète de son contenu ; enfin tout
s'arrangea pour le mieux, tout s'expliqua et le drame
qui aurait pu être à craindre tourna en queue de poisson. Mais pendant ce temps mon oncle attendait toujours la réponse qui n'arrivait pas et pour cause : il
aurait été bien difficile de donner le signalement du
père de la portée. celui-ci ou ceux-ci étant totalement
inconnus.

Un peu plus tard mon oncle retour de je ne sais
quelle chasse troqua Clara contre un basset rencontré
dans le chemin de fer en compagnie de son proprio
qu'il n'avait jamais tant vu. Le basset ne valut rien
et mon oncle perdit de ce coup une chienne qui ne
s'annonçait pas mauvaise.

Quelques mois avant la suivante ouverture nous
apprîmes que mon oncle allait exhiber un nouveau
chien répondant au nom de Manitou. — Ce Manitou,
âgé de deux ans. arrêtait déjà si ferme, l'an passé

qu'il fallait lui donner des coups de pied... quelque
part pour le forcer à avancer. Aussi son propriétaire

AU MATIN DE L'OUVERTURE : EN ROUTE !

bouillant, tel le bouillant Achille lui-même, eut l'idée
de l'envoyer au fin fond de la Mayenne pour l'habituer

à chasser le perdreau rouge ; — chacun sait que ce gibier est très coureur, il espérait donc ainsi donner de l'allure à son chien.

Au 1er septembre, Manitou, il faut bien l'avouer, avait à tel point progressé au dressage qu'il n'arrêtait plus du tout. — Conséquence : lettre à cheval au garde dresseur qui répondit à peu près ceci : « Manitou est un chien parfait pour la Mayenne, il est hors ligne pour la perdrix rouge. Chez nous un chien qui arrête sans cesse ne vous fait pas tuer de gibier ».

Et mon pauvre oncle qui ne chasse que le perdreau gris !...

Manitou ne mettra pourtant pas en vedette ses belles dispositions (?) pour la chasse au perdreau rouge... sa destinée était autre puisqu'il est passé chez M. K... lieutenant de louveterie et que l'on espère fort que grâce à son jarret d'acier, à sa grande finesse de nez et à sa vigueur extraordinaire il fera merveille sur le sanglier.

Il ne me reste plus, mon cher oncle, qu'à m'excuser d'avoir osé blaguer tes chiens et d'avoir dévoilé leurs aventures : j'en fais mon sincère *mea culpa*... et puis cela ne t'empêchera pas d'être ce que tu as toujours été : un grand chasseur devant l'Eternel !

L'OUVERTURE DE LA CHASSE

DANS LES PLAINES BANALES

Longtemps déjà avant le grand jour, le chasseur qui n'a pas la bonne fortune d'être propriétaire ou simplement locataire d'une plaine s'est mis à la recherche d'un bon coin où il pourra faire l'ouverture. Les terres dites banales ou communales ne manquent pas : c'est le gibier qui manque le plus souvent. Moyennant une somme variant de 20 à 200 francs, les communes, représentant les paysans syndiqués, délivrent des permis spéciaux. Malheureusement l'anarchie règne le plus souvent dans les petits patelins, et malgré l'excellente circulaire de M. Mougeot, le ministre rêvé des chasseurs, « l'entente cordiale » ne s'établit pas, et souvent le territoire est ouvert à tout venant et le gibier n'est qu'un mythe.

Le chasseur qui a trouvé l'endroit rêvé ne manque pas de bâtir des châteaux en Espagne : aux dires des croquants roublards, le perdreau foisonne ; quant au « yeuvre », il y en a autant que de mottes de terre. Et notre homme s'emballe, exulte ; il promet à sa « dame » des rôtis et des civets pour une quinzaine au moins. La préparation du harnachement se fait plusieurs jours à l'avance, le carnier est neuf et immaculé, et Médor, ce bon Médor, est gras à souhait, comme son maître, qui a pris la précaution de lui graisser les pattes afin qu'il ne se blesse pas aux pointes rugueuses des blairies et des chaumes. Enfin après combien de nuits de rêves où le gibier vole dans les songes, le grand jour arrive !

Vers quatre heures et demie, c'est le départ. La cohue dans le petit village, les chiens se causent de près et font connaissance...

Au matin les champs sont trempés de rosée, le gibier n'est pas encore dans les couverts, mais cependant dès l'heure permise, un peu avant peut-être, la pétarade commence. En général les premiers coups de fusil sont destinés à quelques lapins surpris à l'orée du bois, au retour du gagnage, tout étonnés de cette armée tonnante.

Mais bientôt des compagnies de perdreaux, levées et relevées à nouveau, commencent à raccourcir leur vol. Elles s'approchent des betteraves et des pommes

TOUT BEAU!

de terre ou des luzernes, espérant trouver une
cachette sûre dans les couverts. Hélas ! pour les pau-
vrettes, les chiens ont mis le nez haut et s'avancent
avec prudence, suivis par leur maître en émoi ; la
compagnie, lasse déjà, part à 20 mètres et l'hécatombe commence.

Les survivantes, toujours en groupe, se dirigent vers
un champ, mais elles passent à portée d'un chasseur
qui s'est caché derrière un arbre, et le plomb fait
encore son œuvre de destruction, et la compagnie
diminue. Du tireur embusqué elle se jette dans un
autre, les perdreaux affolés par le plomb qui siffle
et cingle de tous côtés — plus d'un la patte pendante
ou la peau trouée — se séparent. Deux vont se remiser
là-bas, dans un trèfle; un autre file dans un maïs.
Ils n'ont pas le temps de souffler que déjà les chiens
sont sur leur piste : épuisés les oiseaux piètent longtemps ; ils se dérobent devant le chien, reviennent en
arrière et l'on entend alors la voix des petits bassicots ou des corniaux des croquants qui cherchent à
démêler les pistes entrecroisées. Car il ne faudrait pas
s'imaginer que le chasseur de la plaine banale ne
pratique qu'avec un chien d'arrêt; tout « quatt'pattes »
est bon pour le métier qu'on lui demande, et la cohorte
des cabots n'est rien moins qu'inépuisable. Il y a
cependant là, pour un chasseur sérieux accompagné
d'un bon chien, une chasse très amusante. On a l'oc-

LE LONG DU MAÏS

casion d'apprécier au plus haut point les aptitudes de
sa bête ; les arrêts sont beaucoup plus fréquents dans
une chasse banale — où il y a de quoi — que sur les
terres gardées, et l'on peut passer derrière une bande
de ces chasseurs d'un jour, entourés d'une véritable
meute, et trouver néanmoins du gibier oublié et qui
tient comme la teigne. Et puis il existe une émulation
très passionnante. Le gibier des chasses communales,
qui est plus que partout *res nullius* possède une saveur
toute particulière. Mais voici, là-bas, un lièvre affolé
qui, parti sous les pieds d'un chasseur et manqué de
deux coups, file droit, les oreilles couchées en arrière.
« le lièvre, le lièvre ! » et toute la bande guêtrée court,
s'aplatit par terre, va de ci, de là, avec l'espoir que
l'animal va passer à bonne distance. Les chiens, exci-
tés par les cris et les coups de fusil qui résonnent de
tous côtés, par cette petite guerre ininterrompue, partent au galop malgré les rappels de leurs maîtres vers
l'animal au poil roux. Et bientôt, derrière le lièvre
souvent blessé, une véritable meute suit en hurlant :
il y en a pour tous les goûts et de toutes les couleurs,
dans cette cohorte de bâtards, depuis le loulou jusqu'au terre-neuve en passant même par le caniche.
C'est un hallali courant qui ne finit que par la mort
du capucin ; la dispute commence alors entre tous ceux
qui ont participé à son massacre ; chacun veut sa
peau, chacun en revendique la propriété. Car le lièvre

est le gibier rêvé du chasseur des plaines banales ; le perdreau n'existe pas... *le lièvre* c'est le morceau de roi. Et l'heureux vainqueur saura le mettre dans son carnier, en lui laissant passer les oreilles, et fièrement il continuera de chasser, courbant l'échine, mais le cœur léger !

Vers neuf heures, la plaine commence déjà à se dégarnir ; le gibier se fait plus rare, du reste : bon nombre de survivants ont abandonné ces contrées meurtrières pour chercher asile dans les bois environnants, où un garde les protège. Les disciples de saint Hubert peu entraînés pour la plupart, ont pris le chemin d'un « chand de vin » et là, attablés, ils boivent sec, se font servir l'inévitable morceau de « fromage de tête » et se racontent leurs prouesses. Sur le coup de dix heures ils repartent, mais l'ardeur n'est plus la même. Le chasseur « de la ville » surtout, auquel le rond de cuir n'a pas donné les muscles, s'asseoit au pied des meules ou des arbres. Le croquant continue à marcher ferme : il côtoie les chasses gardées ; il connaît du reste les remises favorables aux gibiers ; il sait que dans tel champ est née une couvée de perdreaux, que dans tel autre une portée de levrauts est venue à bien. Avec une opiniâtreté sans borne il fouille coins et recoins et de son œil perçant scrute chaque motte de terre, regarde sous chaque feuille de bette-rave. Depuis le jour de l'ouverture jusqu'à la fermeture, il sort faire un tour avec son fusil et même lorsqu'il va au labour il l'emporte avec lui.

Vers midi, comme par enchantement, tout le monde disparaît. Le déjeûner se passe gaiement : le troquet fait des affaires d'or. La chasse de la plaine communale est bien avancée ; beaucoup de ces disciples de saint Hubert d'un jour n'en peuvent plus. Ils jettent un coup d'œil dehors et devant le soleil qui tape dur ils rentrent dans le cabaret et décident une petite partie de manille.

Les enragés, les entraînés qui ont encore des jambes se remettent en route. Ils ont de grandes chances de retrouver de quoi ; le gibier, en effet, n'entendant plus de bruit est sorti des bois. Entre une heure et deux heures, il y avait encore naguère de jolis tableaux à faire sur les faisans en bordure des chasses gardées. On pouvait à ce moment de la journée faire des massacres sur d'ignobles poussins. Heureusement que cette destruction stupide a été interdite par le ministre de l'Agriculture. Le faisan peut donc croître en paix et on est trop heureux de le retrouver en octobre, alors que le perdreau se fait plus rare ou trop sauvage. La loi est excellente ; le chasseur de la plaine banale est un grand enfant, et dès qu'il a un fusil entre les mains il veut tuer, tuer n'importe quoi : tout lui est bon.

Vers cinq heures et demie le jour commence déjà à

descendre à cette époque de l'année. Les perdreaux encore demeurés dans les bois commencent à se rapprocher de la plaine ; on entend leurs « pirouic » répé-

UN CHASSEUR BREDOUILLE
MARCHANDE DU GIBIER A UN BRACONNIER

tés. Ils appellent les absents. Le chasseur de la plaine banale sait qu'il va pouvoir faire encore de nouvelles victimes ; il s'asseoit et attend qu'une compagnie se décide à venir dans la plaine, heureuse de retrouver le lieu de son enfance pour y passer la nuit. Mais à peine est-elle posée sur l'endroit du combat que la poursuite reprend. Devant le gibier le chasseur a retrouvé des jambes : il court ; les perdreaux, par

AU BORD D'UNE MARE : EN ARRÊT !

exemple, reposés un peu, ont repris de l'aile et s'enlèvent à grande distance. Puis peu à peu le jour baisse ; de tous côtés les « pi-rouic » se font entendre ; enfin le soleil commence à disparaître derrière l'horizon.

La journée tant et tant attendue, tant et tant espérée, est terminée. Le chasseur de la plaine banale

reprend clopin-clopant le chemin de la gare. Que son
carnier lui pèse lourd sur le dos ou qu'il soit plat et
léger, il est content tout de même. Il n'aura pas honte

AU RENDEZ-VOUS

d'aller demander au braconnier le gibier nécessaire
pour épater les citadins ses amis. Il rentrera à son
« home » l'esprit bourré d'histoires invraisemblables

et durant de longs soirs les récits de ses prouesses,
le plus souvent inventées, feront l'ahurissement de ses
mioches, qui, les yeux démesurément ouverts et la
bouche bée, croiront naïvement ce que raconte leur
« auteur ». Et malgré l'ironie qui s'attache aux pratiquants d'occasion de la plaine banale, je veux répéter
néanmoins qu'elle a du bon et qu'elle vaut bien certaines grandes chasses où l'on tue sans avoir à se
donner de mal, où le gibier se laisse massacrer sans
défense. La difficulté est en cette vie pour quelque
chose en tout — même et davantage en ce qui con-
cerne la chasse — et si sur les terres ouvertes à tous
venants, les tableaux sont moins forts, les quelques
pièces n'en sont que plus appréciées.

Mais là-bas dans la plaine où tantôt la petite guerre
ne cessait, les gibiers échappés au combat se racontent leurs misères et regrettent les beaux jours où à
l'abri des moissons dorées ils jouissaient en paix d'une
vie qu'ils auront tant de mal à conserver désormais.

IL Y A CHASSEURS ET CHASSEURS

———

Si l'ouverture de la chasse est une affaire d'Etat pour les petits pratiquants des terres banales, pour ceux qui courent de-ci de-là à la recherche d'un gibier souvent clairsemé, avec, sans cesse, la crainte d'empiéter sur le territoire défendu, les favorisés possédant une chasse gardée sont émus aussi à l'approche du grand jour. Vous ne le savez que trop, Mesdames, et par avance vous songez que ces Messieurs vont devenir derechef rasants avec leurs éternelles histoires…! Pourtant… soyez patientes. L'ouverture ! Mais n'est-ce pas la grande date qui revient chaque année avec son cortège d'espérances et de plaisirs ? Je n'insiste pas ;vous m'avez compris, sportswomen,

mes sœurs, et sportsmen, mes frères : ou la chasse
vous passionne, et vous êtes comme moi ; ou elle vous
laisse indifférents, et vous souririez de mon émotion à
la veille de la belle journée ; et cependant, aimables
lectrices, étiez vous de marbre à la veille de votre premier bal ? Et vous, chers lecteurs, n'avez-vous pas
senti votre cœur battre la veille d'un premier rendez-
vous ? Pour le chasseur qui n'a pas poursuivi le perdreau depuis de longs mois chaque ouverture est un
premier bal ou un premier amour !

La chasse sur une terre gardée se pratique le plus
souvent en ligne. Il faut alors des chiens admirablement dressés, bien mis dans la main de leur maître,
sages au coup de fusil. Rien n'est intolérable comme
un toutou qui file sur le voisin. L'ennui de cette chasse
est qu'il faut souvent de longues heures pour que le
perdreau soit — par des mouvements savants — remis
dans les couverts.

Encore lève-t-il généralement très loin. Bien des
disciples de saint Hubert expliquent ce fait par la portée toujours croissante des armes à feu.

Comment admettre cependant que les jeunes perdreaux soient farouches dès leur naissance ? Par héré-
dité ! j'en doute. J'aime mieux cette explication que
me donnait l'autre jour un vieux paysan :

« — Dans les chasses gardées le perdreau lève loin
pour deux raisons : d'abord parce que les gardes les

dérangent sans cesse avec des chiens qu'ils dressent pour l'ouverture ; ensuite parce que dans les compagnies d'élevage qui forment le noyau principal de la

APPORTE !

chasse il n'y a pas de parents chargés de surveiller la couvée ; résultat : tous les perdreaux sont attentifs au moindre bruit, et il est clair que l'attention de quinze, vingt oiseaux ou plus se trouvera moins facilement mise en défaut que celle des deux parents sur lesquels les enfants comptent absolument.

Enfin, dans les chasses communales, si le perdreau est farouche, c'est de notre faute. En allant au labour, nous emmenons tous nos chiens, par habitude, pour nous tenir compagnie, et vous pensez bien qu'ils ne se gênent pas pour courir, de-ci de-là après le gibier. »

Mais je dois le répéter, sur les terres banales, le chien — toutes proportions gardées — a plus d'occasions de faire de beaux arrêts. Le gibier, étant plus pourchassé, se trouve vite divisé et vite fatigué.

Le chasseur, propriétaire ou locataire, a donc, en fait, moins besoin des services d'un chien. Surtout lorsque l'on pratique presque exclusivement chez lui la chasse en ligne. Le vrai Nemrod se fait rare, il est vrai : tout le monde veut chasser, aujourd'hui, sans avoir seulement des notions, même vagues, de ce sport si éminemment sport. Maintenant il faut tirer, tirer et tirer toujours, et les vrais amateurs, ceux qui aiment voir leur chien au travail, qui s'entendent à le conduire et sont au comble de la joie lorsqu'ils ont tué une pièce sous son arrêt ne sont pas nombreux... Et les autres, à leur retour en leur foyer, ne manquent pas de dire :

— Quelle belle chasse aujourd'hui, *j'ai tué tant de pièces !*

Oui « j'ai tué tant de pièces »... Tout se résume en ces mots ! mais que signifie le nombre ? — pour eux

tout —pour le bon pratiquant — peu de chose. — Je
connais certaines chasses où dès l'ouverture on pra-

UN JOLI POINT DE VUE

tique maintenant la battue. Quelle honte! Assurément
lorsque le perdreau est devenu fuyard et impossible
à aborder, la battue a son charme. Mais tant qu'il reste
un espoir d'en aborder un et de voir son chien à l'arrêt

ne doit-on pas battre et rebattre les champs pour se
procurer cette satisfaction!...

Je me souviens d'avoir fait mes premières armes
dans les côtes semées de vignes s'étendant au-dessous
de la superbe terrasse de Saint-Germain et dans les
champs longeant la Seine. Mes parents habitaient par
là. Je connaissais sur mon parcours de chasse entre
Le Pecq et Carrières-sous-Bois tous les coins et
recoins. Les chasseurs étaient aussi nombreux que
rare était le gibier. A vrai dire il n'y avait rien ou
presque rien. Parfois — deux ou trois fois l'an ! —
une compagnie de perdreaux chassée de la plaine de
Montesson passait l'eau et cherchait abri dans ces
parages pourtant inhospitaliers. Et si j'avais eu la
chance de la lever, de pouvoir seulement la tirer,
c'était un bonheur inespéré. Quelques lapins échappés aux collets étaient par moi soigneusement repai-
rés. Mais, malgré ma meute hétéroclyte, composée
de terriers, chiens d'arrêt et bassicots, il fallait une
persévérance incroyable pour les dénicher. Chaque
lapin me fournissait une chasse royale et si j'arrivais
à en tuer un, j'y rêvais de longues nuits durant. Un
petit marécage abritait d'ordinaire une couvée de
poules d'eau. Mais quel mal pour les faire lever dans
les joncs serrés, inextricables !... Mes chiens, sitôt
sortis, filaient à toute allure au marécage, et toute
la meute battait et rebattait, fouinant sous chaque

touffe, dans l'espoir d'y dénicher une pièce. Et je peux
dire — sans honte — que chaque coup de fusil réussi

AU BORD D'UN MARÉCAGE

m'est resté gravé dans le souvenir. Et pourtant, de
journées de chasse en battue — où j'ai fait de très

gros tableaux, où j'ai tiré des centaines de cartouches
— il ne me reste rien ou presque rien en « la gibecière
de ma mémoire », comme disait ce bon Rabelais.

Oui, la recherche du gibier et la difficulté à le tuer
sont pour beaucoup dans ce sport qui nous est cher.
A côté d'une mauvaise journée il en est de bonnes, et
l'on sait mieux les apprécier. Tout n'est ici-bas que
comparaison.

Les pêcheurs aimeraient-ils la pêche si toujours ils
prenaient du poisson ? Il en va de même des chasseurs,
des vrais, j'entends. Parfois le gibier — même sur un
bon terrain, — est introuvable : pourquoi ? on n'en sait
trop rien. Il dépiste les chiens et... le raisonnement.
Comme je chassais, il y a quelque temps, dans le
département de l'Aisne, et que je cherchais vainement
une belle compagnie qui était née (!) dans le cimetière,
et qui comptait au moins quinze beaux perdreaux, je
dis au garde :

— Malheureux que ce ne soit pas un dimanche, car
la porte du cimetière serait ouverte et je suis sûr que
la compagnie doit y être !

— Monsieur, me répondit gravement le garde, les
perdreaux ne sont pas comme les morts, ils ne restent pas toujours à la même place !

Et j'ai cherché dans le champ de betterave à côté,
sans résultat du reste.

Le lendemain. pourtant. auprès du « clos du repos »

mon chien tomba en bel arrêt. Et mon doublé me causa un plaisir plus grand que si je l'avais fait la veille !...

Ah ! la chasse, la vraie chasse en plaine, devant soi, avec un bon chien — si agréable, mais si courte, — comme on sait peu la pratiquer aujourd'hui !

LES CHIENS ET LA CHASSE AU BOIS

Au quinze octobre la chasse au bois bat son plein :
le faisan a pris sa belle parure, le perdreau se plaît
dans les coupes et même dans les grands bois au milieu
des places claires où la bruyère pousse dru ; le lapin
prend la coutume de se gîter, et dans les coins où le
grillage n'interdit pas au lièvre l'entrée, on en trouve
souvent, surtout si le temps est calme, car l'animal
timoré a peur du bruissement du vent dans les feuilles.
Déjà les bécasses ont fait leur apparition : avec le
temps humide elles resteront longtemps chez nous. Si
la battue, l'éternelle, la monotone et fâcheuse battue,
est maintenant le plat fade offert en général aux invités, il existe — heureusement — certaines chasses
encore où l'on pratique devant soi avec des chiens.
Rien n'est amusant comme de suivre pas à pas le tra-

vail de son toutou. Et cette chasse est encore en honneur dans certains rares coins de Seine-et-Marne et de Seine-et-Oise, mais surtout en Sologne et dans toutes les propriétés où les paquets de bois ne sont ni trop fourrés ni d'une étendue trop grande.

Il est de mode actuellement d'utiliser le cocker lorsqu'on chasse devant soi : ce joli et intelligent petit animal rend des services inappréciables. Il est trouvant en diable, quête avec une activité ininterrompue et il possède au plus haut point les qualités requises d'un retreiver. Un faisan est-il désailé, vite il prend le train et, avec une patience étonnante, il démêle la piste au milieu des autres voies et finit le plus souvent par retrouver l'oiseau. Le seul inconvénient du cocker est peut-être de ne pas procurer au vrai chasseur la jouissance délicate de contempler un bel arrêt. Il butte, en effet, et bourre généralement ; sitôt le gibier levé, il part en jappant à ses trousses, et parfois, fait manquer la pièce par sa précipitation à la suivre. J'avoue que j'aime beaucoup le cocker et que j'utilise ses services avec un plaisir toujours nouveau ; mais je le préfère pour « bricoler » ou comme retreiver : pour chasser devant moi, j'aime mieux le chien d'arrêt véritable. Il n'est pas dit qu'avec un chien d'arrêt, même très bon, on tuera davantage qu'avec le petit toutou à longs poils, mais je n'envisage pas la chasse comme un sport de tir uniquement. Il y a mieux : le travail d'un bon

chien d'arrêt est beau à voir. L'arrêt — lorsque l'animal tombe comme hypnotisé — me plaît mieux que

A L'ENTRÉE D'UN CARRÉ

tout. Cependant, le bon chien de bois est difficile à
trouver et si celui que l'on possède n'est pas sage et

d'une fermeté exemplaire à l'arrêt, il est préférable de se rabattre sur le cocker qu'on doit pouvoir tenir en mains avec aisance.

Le lapin est la perdition du chien : il aime cette chasse avec passion et est trop poussé par son instinct à sa poursuite. Et une fois l'habitude prise de le courir, il est bien difficile de la lui faire passer. Alors, la chasse devient impossible ; un grand chien, qu'il soit Korthal, Saint-Germain, pointer ou de toute autre race, a le jarret énergique, et neuf mois sur dix, couvre la pièce.

Le meilleur moyen pour habituer un chien au lapin est de lui en montrer lorsqu'il est jeune. De cette façon, il prendra l'habitude d'en voir courir, il ne s'énervera pas à une rencontre inattendue et instinctivement prendra l'arrêt. Il est assez bon de lui en tuer quelques-uns au gîte, sous le nez : il prendra de la confiance et de la patience. Donc, si le lapin est la perdition du chien, il peut, néanmoins, lui servir utilement pour son dressage. Un chien sage sur le lapin est forcément très calme sur les autres gibiers. On objecte, non sans raison du reste, qu'il est mauvais de dresser un jeune chien en commençant à le mettre sur le « poil », car il perd — s'il les a — ses habitudes de quêter le nez haut. Il « piste » plus volontiers et ne recherche pas les émanations apportées par le vent. En un mot, il ne vaut plus rien en plaine. Cela est un

UN BEL ARRÊT

fait : mais il faut distinguer : ou le chien est destiné
à la chasse de bois, et cet inconvénient n'en est plus
un, ou il est destiné à celle de plaine, et alors, le dressage en rase campagne s'impose, ou enfin — et le
cas est plus délicat — il doit servir à l'une comme à
l'autre. Et beaucoup de chasseurs qui n'ont pas le loisir de pratiquer trois ou quatre fois par semaine, ne
possèdent qu'un seul et unique cabot. Incontestablement, je m'occupe de cette hypothèse — si l'on tra-
vaille dans de très grandes plaines, il est préférable
que le chien marche le nez haut. Mais en notre pays,
on rencontre beaucoup de petits champs, à part,
cependant, dans les plaines de la Beauce, de
l'Aisne, etc. Et le chien est plus utile dans les petites
pièces de trèfle, luzerne, betterave, etc., que n'importe
où. Là, le chien à grande quête, est impratique ; si
celui que l'on possède a bon nez, et si même il a été
dressé au début sur le lapin, il rendra d'excellents services. Il quêtera près de son maître, avantage énorme
dans les chasses où l'on bat en ligne. Il saura toupiner
et trouver des pièces isolées qu'un chien à grande
allure et à nez plus fin passera peut-être, et puis, il
saura parfaitement relever la tête au besoin. Pour me
résumer, je dirai qu'un bon chien de bois peut parfaitement servir en plaine et comme cette chasse dure
peu, si l'on ne doit en posséder qu'un seul, il y a avantage à le mettre dès le début au lapin.

Un bon toutou roublard — et le lapin donne la roublardise — sage, quêtant près, très ferme d'arrêt, n'est-ce pas le rêve ? Oh ! les cabots qui vous font rentrer le soir, jurant et la gorge éraillée, quelle pestes ! Mieux vaut cent fois n'en pas avoir. Et, ce disant, je sais que je ne me décrète pas un amateur du chien d'arrêt pour lui seul.

Je comprends la chasse, comme un bon mets, dont le chien est une très bonne sauce !

Et pourtant si je devais m'astreindre à ne plus posséder ce compagnon cher, qui, lorsqu'il a pris corps avec son maître, lorsqu'il le comprend, finit par ne faire avec lui qu'un tout, et lui obéit sur un simple regard, il me semble que la chasse perdrait rudement de son attrait. Aussi, afin de ne pas en être **réduit** à cette extrémité vraiment fâcheuse, je cherche avec une patience sans bornes, le chien rêvé s'il m'arrive d'en avoir besoin d'un. Il faut, si on l'élève — et n'est-ce pas le meilleur moyen pour le façonner à son idée ? — l'attendre sagement et surtout dans ses débuts, ne pas abuser de lui et le surveiller de près. Les mauvaises habitudes se prennent vite, et tout comme chez les humains, celles contractées par les toutous lorsqu'ils sont jeunes ont bien du mal à disparaître avec l'âge.

LE BRIGAND JEANNOT ET LE FURET

Que ceux qui possèdent une chasse de bois entourée
de plaines se méfient des dégâts causés par les lapins !
Il est si tentant, ce blé si tendre qui vient de germer !
ce petit bout de verdure doit avoir une saveur bien
fine, à cette époque de l'année où l'herbe fanée, rous-
sie, est diablement dure et de mauvais goût! Jeannot
est un brigand, un vrai cambrioleur.

Je sais bien qu'il est encore des contrées où les
paysans lésés sont bons enfants et s'arrangent à l'amia-
ble avec les propriétaires des lapins, mais c'est l'exception. Le plus souvent, nous aurons affaire à de
vieux roublards qui le prendront de très haut et nous
feront payer leurs récoltes mangées au poids de l'or,
et à cela il nous faudra ajouter les frais d'expertise,
contre-expertise, avoués, avocats, tout le maquis de
la procédure enfin... et nous aurons toujours tort.

Quelque mal que nous nous soyons donné pour détruire, le tribunal nous condamnera, et le seul moyen serait de laisser notre chasse libre : or, voyez-vous d'ici une cinquantaine de chasseurs lâchés dans nos bois ? Je ne pense pas que nos faisans viendraient nous dire merci !

Mais, me direz-vous, il y a le grillage ? Oui, j'en use aussi, à regret pourtant car il faut avant tout dire adieu aux lièvres. Et puis croyez-vous que le grillage soit infaillible ? Pour ma part, j'en doute ; on combat bien le fléau, mais on ne l'enraye pas complètement. Les lapins ont les ongles solides et trouveront bien le moyen de passer dessous si les gardes ne sont pas vigilants. Il en est aussi qui grimpent comme des chats ! je n'ai jamais tiré, comme on le fait, paraît-il, couramment en Australie, des lapins perchés au bout d'un arbre séculaire ; mais il m'est arrivé souvent d'en voir passer par-dessus des grillages de deux mètres. Tous les lapins ne possèdent certes pas ce beau talent de gymnastique, mais certains vieux madrés sont capables de tout.

A quand sur l'affiche des Folies-Bergère « les Lapins gymnasiarques de Mlle E. d'A... ? ».

Le lapin est donc un être malfaisant dans toute l'acception du mot, aussi en examinant les tableaux des grandes chasses vous remarquerez combien il tient peu de place. Rien d'étonnant, on le craint et on préfère

LA REPRISE DU FURET AVEC UN LAPIN MORT

élever des faisans qui coûtent pourtant cher à mener à bien ; j'avoue humblement que je ronchonne contre le lapin depuis le 1er janvier jusqu'au 31 décembre, mais que je ne peux pas me passer de lui, ayant — quand je chasse — un grand faible pour sa petite personne.

Il est curieux de remarquer qu'un lapin — un seul lapin — fera plus de mal à un champ que dix lièvres. La raison en est qu'il abîme plus qu'il ne mange ; avant d'avaler un brin de blé il en coupera dix pour le moins. Du reste, il est destructeur dans l'âme, et si par bonheur vous l'empêchez de galvauder en plaine, vous serez satisfait d'avoir protégé le bien d'autrui, mais vous gémirez de voir vos coupes saccagées. Le lapin, en hiver, adore l'écorce des arbres, celles des chênes et des châtaigniers de préférence. Il s'en prendra aux bois de un ou deux ans et chaque brindille pelée sera irrémédiablement perdue. Si une « cépée » a été mangée un hiver elle repartira en jeune bois à l'été, mais si le lapin l'attaque à nouveau, l'année d'après la souche périra. Il faudra donc replanter et protéger les plants contre la dent du rongeur.

Méfiez-vous donc de ce petit lapin si gracieux, si gentil à l'apparence, mais combien rosse au fond ! Il a un air de petite Sainte-Nitouche auquel vous ne vous laisserez pas prendre, j'imagine. Mettez donc bon ordre dans cette famille par trop nombreuse et à la fermeture n'ayez plus dans vos propriétés que le nombre strictement nécessaire pour en perpétuer la race.

Or, pour arriver à ses fins, il n'est tel que d'aller chercher les bandits dans leurs demeures. Le furet est donc tout indiqué. Mais quel est le bon temps pour cette chasse ?

Je me suis maintes et maintes fois posé cette question et n'ai pourtant jamais pu arriver à la résoudre. On prétend bien que quand il fait beau et doux le lapin reste sur terre ; que quand il pleut toute la nuit il gîte encore, car il n'aime pas rentrer *at home* le paletot mouillé et crotté et qu'au contraire quand il ne pleut que le matin il préfère rentrer en ses pénates au plus vite pour éviter l'humidité, etc., etc. J'ai observé, étudié et je crois qu'il est impossible d'établir une règle. Bien des fois je me suis dit: « Je vais m'amuser au chien d'arrêt aujourd'hui » et maître Jeannot était au trou ; le lendemain je le pensais au logis, et il n'y avait personne. Aussi, maintenant, j'ai pris le parti de me fier au hasard et à mon idée, et je prends les furets quand ça me dit — au petit bonheur — sauf toutefois les jours de grand vent, parce que j'aime bien entendre le roulement du lapin sous terre et que ces jours-là je suis privé de cette distraction.

Nous voici donc sur le terrier. Il faut d'abord éviter tout bruit : le lapin entend admirablement celui des pas et quand il sentira le furet à ses trousses il hésitera souvent à sortir, car s'il n'aime pas celui-ci, il

n'aime pas davantage celui-là, je veux dire le bipède
au fusil qui le guette au sortir de sa maison. Donc mar-
chez le plus légèrement possible. Le furet est disparu :
tout à coup la terre semble trembler ; il y a du bon,
un lapin est délogé ; « ça roule ». Puis le bruit cesse
pour recommencer de plus belle. On se rend compte
de la poursuite : le lapin file désespérément, passe
d'une galerie pour aller dans une autre, monte, descend, revient sur ses pas, affolé, éperdu — *struggle
for life* — tandis que son ennemi, votre complice, le
galope tant qu'il peut, tout assoiffé à l'idée d'un bon
bock de sang bien chaud. Mais Jeannot commence à
souffler, et c'est alors que pour dépister son ennemi
il se décidera à fuir sa demeure violée et qu'il paraîtra
devant vous, cruel justicier. Il sortira comme une balle
si le furet est trop près de lui, ou s'il a de l'avance il
montrera doucement le bout du nez... Ne bougez pas,
s'il vous voit, vous pourriez bien ne plus le revoir.
Parfois, après avoir inspecté les lieux, il filera comme
le vent : d'autres fois, au contraire, tout doucement,
tout ratatiné, en se faisant le plus petit possible. Si le
terrier est grand, il arrive de le voir sortir d'une gueule
pour rentrer dans une autre. Et le tir est toujours
amusant, imprévu, difficile, mais on vainc cette difficulté par l'habitude qui est nécessaire tout particulièrement à cette chasse.

Nous avons bien vu les roses, mais nous ne connais-

sons pas encore les épines... elles se présentent dans la
forme de longues et longues heures d'attente qu'il est

RETOUR DE LA CHASSE AU FURET

souvent impossible d'éviter. Nous avons remis le furet,
« ça a roulé », mais depuis un bon moment on n'entend plus rien.

Impatientés, nous écoutons devant une gueule ; si
le terrier n'est pas trop profond et si nous avons
l'oreille exercée, il se peut que nous entendions le furet
gratter. Il est arrivé que le lapin, qui a déjà entendu
le feu, préfère jouer de ruse avec le furet. Sa
ruse, il est vrai, est bien simple: il se contentera
de se cacher la tête, car il sait bien que son point vul-
nérable est derrière la tête ou à l'œil, aussi présentera-
t-il au furet son postérieur, et s'en tirera-t-il encore
souvent avec quelques bonnes égratignures. On dit
que le lapin « colle ». Parfois sous la morsure il se
décidera, tout sanglant, à déguerpir, mais il s'entêtera
généralement à rester dans son coin et nous aurons
bien du mal pour rattraper le furet. Si le terrier est
petit, on peut essayer de tirer quelques coups de fusil
(en ayant eu préalablement le soin de retirer le plomb
de la cartouche chargée à poudre noire) dans une des
bouches inférieures, de sorte que la fumée en montant
dans les galeries, incommode le furet et le force à
sortir. On essaie encore bien d'autres moyens qui
sont dans la plupart des cas aussi mauvais les uns que
les autres. J'ai pour principe de tenir toujours les
furettes séparées des furets et je ne chasse qu'avec les
premières. Si un lapin colle, je coule un furet : celui-ci
fait tant et tant le **galant** auprès de la jeune personne
que pour éviter ses assiduités, elle ne trouve d'autre
moyen que de sortir du terrier, et son amoureux la

suit de près. Je vous donne ce moyen pour ce qu'il vaut, sans vous affirmer, néanmoins, qu'il soit infaillible.

J'ai eu l'occasion de voir dernièrement, en furetant, un fait assez curieux. — J'avais fait passer un furet dans un terrasson d'une seule gueule mais qui était néanmoins assez profond. Comme cela arrive dans les terriers qui ne possèdent qu'une galerie, le lapin se trouvant acculé refusa de sortir. — Après avoir usé en vain de tous les moyens en mon pouvoir pour faire revenir le furet, je fis boucher le trou en recommandant à mon garde de repasser quelques heures plus tard. Mais le furet ne reparut pas ni même le lendemain matin ; je fis alors défoncer le terrier et l'on trouva le lapin mort et par devant lui le furet vivant et bloqué par le cadavre de son ennemi. Le drame était facile à reconstituer : le lapin, comme toujours s'était caché la tête dans le fond du trou et le furet qui recherchait la tête pour boire un peu de sang avait pu arriver à se glisser par-dessus et à se faire une petite niche entre la terre et sa pauvre victime. Il s'était gorgé de sang, puis, saoul, avait dormi un peu: une fois réveillé, le cadavre du lapin, tout raidi, lui avait refusé le passage et sans notre intervention il était fatalement appelé à périr, châtié par les mânes de Jeannot.

En dehors du lapin, il peut arriver fort bien de tuer une fouine à la chasse au furet. En effet, la fouine sort

tout aussi bien que le lapin, mieux peut-être. J'ai connu
des chasseurs dignes de foi qui avaient tiré des renards
bondissant du trou. Il est évident qu'un renard ayant
entendu du bruit se méfiera et restera coi, s'il n'étran-
gle pas le gêneur. Mais s'il ne se doute de rien il fuira
le petit animal qu'il craint probablement puisqu'il ne
le connaît pas, et qu'il est méfiant de son naturel, ou
simplement parce que son odeur l'incommode.

Et pour terminer, Messieurs les chasseurs, un con-
seil ! Habituez vos gardes à éduquer les furets. Ban-
nissez l'odieux tonneau dans lequel on a coutume de
les élever et où ils vivent dans un air empesté. Don-
nez-leur une vaste volière, avec comme demeure une
construction sur pilotis, bien bourrée de foin et toujours propre. Ils sauront se promener dans leur parc,
se rouler dans le sable, et deviendront aimables et
familiers. Car le furet peut s'instruire parfaitement.
Et vous éviterez ainsi — en les appelant au trou quand
le lapin « colle » — la fâcheuse attente qui si souvent
vous a fait pester et jurer !...

UN SPORT QUI SE PERD

Autrefois la chasse aux chiens courants était beaucoup plus prisée qu'elle ne l'est aujourd'hui. On se sert bien encore de bassets pour détruire le lapin, et cette chasse, si elle n'est pas très fructueuse, est pourtant fort amusante ; mais on utilise de moins en moins les briquets et autres chiens de pied moyen employés d'ordinaire pour la chasse au fusil. Les raisons de cette défaveur sont d'ordres divers. La division de la propriété — qui de jour en jour va en augmentant — a rendu ce sport difficile dans nombre de contrées, pour ne pas dire impossible. Le gibier attaqué — chevreuil ou lièvre — se laisse rarement battre dans une petite enceinte. En admettant même que l'on puisse le forcer à marcher doucement et ruser devant un chien très lent, il ne faut pas songer à sortir si l'on ne dispose pas de quelques centaines d'hectares. On aime

à faire vite dans les années où nous vivons, on arrive
à chasser dare dare et à faire un tableau en quelques
heures ; on a fait de la chasse un moyen de rendre des

TYPE DE BRIQUET POUR LA CHASSE DU CHEVREUIL
ET DU LIÈVRE

politesses, de ramasser des affaires ; on veut tuer
beaucoup, et la chasse dont je parle n'a rien de ce qu'il
faut pour arriver à ces buts. Je crois aussi qu'en
France les chasseurs diminuent : je sais parfaitement
que les statistiques accusent un nombre de permis

toujours croissant, mais je doute qu'on puisse accorder le nom de « chasseurs » à cette foule de beaux messieurs qui passent leurs journées du dimanche sur

BOULÉ !

de confortables petits tabourets, en attendant que le gibier vienne à portée de leurs fusils.

Je ne veux point pourtant condamner la battue mais je ne pense pas que ceux qui ne connaissent qu'elle puissent se dire disciples de saint Hubert. Les bons chasseurs sont donc rares : le besoin de confort, les habitudes du *farniente* ont enlevé à ce sport ce qu'il avait de noblesse et en ont fait une boucherie. Enfin le chevreuil et le lièvre ont beaucoup diminué dans nos bois. Le chevreuil a eu à souffrir de la battue destructive et de la division de la propriété ; protégé là, on le massacre sans merci dans le bois voisin ; peu à peu son espèce disparaît, sauf peut-être dans les grands domaines, où on le surveille avec un soin jaloux. La devise : « Ousqu'il y a des lièvres y a pas d'lapins » pourrait être retournée ; sans rechercher si des raisons d'ordre privé ont fait de Jeannot l'ennemi de l' « animal ombrageux », il est certain que les méfaits du premier envers les récoltes ont été la cause de la mort du second : celui-ci aime l'espace libre ; il a horreur des grillages. En somme, tous ces motifs ont rendu rares les pratiquants de la chasse à tir aux chiens courants.

Et l'on ne peut que le regretter : rien n'est plus amusant et rien n'est moins coûteux. Point n'est besoin d'entretenir un grand nombre de chiens ; avec un ou deux bons cela suffit. La chasse a moins d'éclat, mais le tam-tam n'est pas utile. Un bon briquet, bien collé à la voie, pas trop vite, permet au gibier de muser devant lui ; le bruit de cinq ou six chiens l'effraierait et le ferait vite sortir des limites de la propriété. Il n'est pas non plus indispensable d'avoir un bois très giboyeux.

Il faut, par exemple, de bonnes jambes et un rude souffle pour filer tambour battant aux places où l'on suppose que l'animal va passer. A la longue, avec de l'attention on connaîtra les coulées, et on saura trouver le bon coin. A la direction de la chasse, on se rendra compte de la randonnée que doit faire le gibier. On devinera ses ruses. Et lorsque, après maintes et maintes galopades, on aura placé un beau coup de fusil, on pourra flatter le toutou et rentrer joyeux de sa journée. La difficulté aura été vaincue ; un vrai chasseur ne doit pas la craindre mais au contraire la rechercher ; en elle réside tout l'art de la chasse.

Du tableau de la battue il y a loin, assurément : il y a un monde ! Mais on aura permis au gibier de se défendre : avec lui on aura usé de malice ; les victimes, si elles sont plus rares, auront une autre valeur.

Entre la chasse en battue et la chasse aux chiens courants, il y a la différence de l'assassinat au duel.

LA CHASSE DITE DES "ENVIRONS DE PARIS"

La battue est la chasse proprement dite des environs de Paris. Mais les « environs de Paris » s'étendent prodigieusement loin, maintenant, car des bandes de chasseurs parisiens se sont orientées vers la Sologne. Et le train des chasseurs du samedi soir *via* Vierzon — 7 h. 13 et wagon-restaurant — est bondé régulièrement. Les propriétaires solognots ont trouvé avantageux de louer leurs terres à des sociétés par action qui tous les dimanches chassent (?) en battue. Cependant les vieux Solognots ont vu d'un mauvais œil cette invasion : et ils pleurent le bon gibier sauvage qui disparaît devant le faisan de basse-cour et les engrillagements à outrance.

Très pommadés, vêtus à la dernière mode anglaise, jaquette à carreaux, cravate Lavallière impeccable,

chaussés de bottines vernies, ces Messieurs les invités
ont fait un déjeuner très fin. Les bons vins, et le cham-
pagne du meilleur cru ont mis quelque vague gaieté

LA VOITURE AU GIBIER

à la partie. Allons, en route... Nous voici en chasse ; le
temps est beau ; pas de vent, c'est parfait ! La première battue commence : déjà, au loin, on entend les
rabatteurs ; le battement cadencé des triques sur le
gaulis s'approche insensiblement... Au bout, sur le
retour en plaine, un coup de fusil ! C'est sûrement

quelque lièvre qui dérobe — un geai, en avant-garde
passe en criant, tandis que dans le taillis les merles
manifestent leur inquiétude et franchissent l'allée

UN RETOUR SUR LA PLAINE

comme un éclair... Un brouhaha dans les branches !
On dirait un galop ; c'est un chevreuil cherchant le
point faible de la ligne des tirailleurs. Déjà les coups
de fusil se rapprochent, un faisan parti de loin passe
en plein vol, puis une bécasse file vite en frappant les
pousses des arbres de ses ailes. Les lapins arrivent :

rares d'abord, plus nombreux ensuite. Ils vont, ils reviennent, s'arrêtent, se glissent, pointent les oreilles, écoutant ce bruit qui les inquiète : les rabatteurs approchent encore, tout le gibier s'affole, perd la boule, c'est un « sauve qui peut » général ce pendant que le chasseur tire toujours. Halte-là ! les traqueurs arrivent, voici les blouses blanches ! Les fusils basculent... la battue est terminée. On ramasse les victimes. On recherche les éclopés. Un cop est signalé là-bas comme mort : il est introuvable. Le maître de la maison amène son chien — qui doit avoir les qualités spéciales de retreiver — l'animal prend la piste de l'oiseau désailé.

— Ah le beau !... A un autre !

Et la journée s'avance : il y aura des victimes au tableau, ce soir, alors que dans les grandes familles des gibiers il y aura autant de vides, et que peut-être dans leur langage ils se diront que l'homme est bien le plus méchant et le plus cruel des animaux.

Le retour par le train du soir sera agrémenté de parties de bridge sans fin jusqu'à l'arrivée en gare. Ft le dimanche suivant ce sera la même chose. Le gibier passera de la même manière. S'il est trop rare, des cageots venant de chez les marchands repeupleront momentanément la chasse et permettront aux tireurs de brûler nombre de cartouches. N'est-ce pas tout ce qu'ils demandent ? Seuls les invités auront changé.

Mais ils auront toujours leur petite « canne de battue »
sur laquelle ils pourront s'asseoir commodément. Le
sport cynégétique n'implique aucunement pour eux
l'idée d'un exercice salutaire qui fait du bien ; si le
tableau est fourni l'honneur sera sauf, et tout sera pour
le mieux dans le meilleur des mondes.

Le maître de la maison ou le président de la chasse
— si nous avons affaire à une Société — aura pourtant quelques ennuis. Le premier s'énervera si « ça ne
va pas », et là comme partout il faut compter avec les
déceptions. Quant au second, il saura vite que son
métier est le pire des métiers : il n'aura — comme
remerciements à sa peine — que des récriminations
et jamais le plus petit compliment...

Je me trouvais dernièrement invité à une chasse où
le gibier était très abondant.

— Messieurs, nous dit, avant la première battue,
notre aimable amphitryon, j'ai tenu à commencer la
journée en faisant battre mon meilleur carré. Aussi,
comme les coups de fusil seront nombreux, je deman-
derai de ne tirer que les coqs et je limiterai chaque
invité à deux lièvres...

Et au petit coup de trompette du garde, les rabatteurs partirent. — Je ne vis aucun gibier durant tout
le traque. Et je n'entendis que deux coups de fusil.
Mais à l'apparition du garde j'entendis la voix très
irritée du maître de la maison, pestant fort après lui.

Et dame ! je ne m'en étonnai pas outre mesure quand j'appris que les deux victimes étaient un... renard et un... chat ! N'ai-je pas raison de dire que les déceptions sont fréquentes ?...

Les maîtres de maison sont donc en butte à bien des ennuis. Certains, cependant, se rattrapent en cherchant à amuser leurs hôtes. Je me souviens d'une battue au milieu de laquelle on entendit les hurlements des traqueurs criant à tue tête :

— Lions en avant ! Lions en avant !

Que voulait dire cette mystification ? On le sut quand on vit arriver des malheureux lapins tondus en lion. Oh ! leur aspect ridicule, grotesque, avec leur pauvre petit derrière rasé de près, maigre et tout menu ! Ce fut le tour ensuite des faisans passant en l'air avec de joyeuses clochettes au cou, cependant que le maître de la maison, disparu depuis quelques instants, revenait en habit noir râpé, et avec sur la tête un claque dont le « chand d'habits » n'aurait pas voulu pour deux sous. Et comme on lui demandait la raison de son accoutrement :

— J'ai l'habitude, nous dit-il, très grave, d'user mes vieux vêtements à la chasse...

Il y a parfois aussi quelques bons joyeux à la chasse en battue qui amènent quelques distractions. Pauvre et regretté Ravaut ! Il était le boute-en-train de bien des parties !...

LA FIN D'UNE BATTUE. — LES RABATTEURS ARRIVENT SUR LA LIGNE DES TIREURS

GRANDES BATTUES

Monsieur de H... a l'honneur de prévenir

Monsieur Marcel d'Herbeville

qu'il fera ses battues dans ses chasses de la Haute-Autriche les 10, 11, 12, 13, 14 et 15 décembre prochain, et le prie de lui faire l'honneur d'y assister.

R. S. V. P. au plus tard le 30 novembre.

GIBIER DE CHASSE : *Lièvres, broquarts et faisans.*

CALIBRE DE FUSIL : *N° 16.*

RENDEZ-VOUS : *Dimanche 9 décembre, à l'hôtel Obermaier, à Eferding.*

DÉPART DE PARIS : *Au plus tard samedi 8 décembre, par Express-Orient.*

Billet aller et retour pour Linz.

N. B. — Il sera prudent de retenir sa place quelques jours à l'avance, place de l'Opéra, à Paris.

Et allez donc !... Une partie de chasse en Autriche...
tout simplement ! — Quand on ne s'attend pas à l'invitation on se trouve ma foi un peu estomaqué et le
pipelet qui — avec sur les lèvres son énervant sourire
des approches du jour de l'an — vous a tendu la lettre,
reste devant vous pour épier sur votre physionomie
l'impression produite par la lecture...

Diable ! mais c'est loin ce patelin-là !

> C'est p'ètre bien au bout d'la terre,
> En Chine ou bien au Congo...!

En tout cas c'est un peu plus loin que la plaine Saint-
Denis ou que la forêt de Montmorency.

Eferding ! s'en aller chasser là-bas... pour les habitués des sleepings, pour ceux qui ont coutume d'avaler et d'avaler des kilomètres, c'est parfait, mais pour
le pauvre chasseur casanier qui rayonne à 25 ou 30 kilomètres autour de son foyer, c'est tout une affaire.

L'Autriche ? Mais n'est-pas le paradis du chasseur ? Les nuits qui précèdent le départ sont peuplées
de rêves admirables — comme le pays doit l'être de
gibiers — mais le matin, quand on se réveille un peu
ahuri, on se demande ce qu'il y aura de vrai... Atten-
dons — nous verrons bien.

Enfin, tout est prêt pour le départ : j'ai fait ma
valise, j'ai fait visiter mon fusil par l'armurier, mes

bottes ont été revues par le cordonnier et j'ai acheté
un volumineux pâté de foies gras de Strasbourg.

L'Express-Orient est en gare... On s'installe ; tout

L'HÔTEL OBERMAIER

le monde est au rendez-vous : bonjour, bonsoir : un
coup de sifflet et... en route !

Le trajet se passe vite. On cause et les histoires de
chasse vont leur train. Peu d'épisodes marquants

durant le voyage ; néanmoins mon pâté de foies gras fait parler de lui.

En arrivant à la frontière de son pays d'origine, un douanier allemand, fort poli et parlant un bon français, me taxe de 2 marks 50 ; j'ai beau lui dire que mon pâté a déjà payé à son entrée en France, dans l'autre sens, il demeure impitoyable. A la frontière d'Autriche, nouvelle taxe du douanier autrichien et me voici encore forcé « d'arroser » pour mon foie gras! Il sera temps qu'on le mange, sans quoi je crois bien que les gabelous auraient fini par se l'adjuger.

A Welz, où nous descendons, nous reprenons un chemin de fer d'intérêt local qui nous conduit à Efer-ding ; enfin, cahin-caha, nous voici parvenus au terme de notre voyage ; voici l'hôtel Obermaier, à l'archi-tecture bizarre et spéciale au Tyrol. On ne connaît guère le français par là, et je ne comprends goutte au charabia des indigènes !

Oh ! mon lycée, où es-tu ? Ah ! mes professeurs, rougissez de votre élève !

Mais j'ai voulu vous parler de chasse, je m'aperçois que je n'ai pris en cours de route que des notes incohérentes ; tant bien que mal — que mal surtout ! — je les assemble : chers lecteurs, je compte sur votre indulgence.

Je passe donc sur les détails, j'ai le fusil sous le bras... Messieurs, la chasse va commencer !

C'est au matin, un grand brouhaha devant l'hôtel
Obermaier. Les chasseurs du pays et ceux des pays
environnants ont reçu leur invitation ; tous, fort poli-
ment, viennent nous saluer en retirant avec une révé-

VUE DU DANUBE

rence leur chapeau tyrolien, orné d'un trophée de plumes, de coq de bruyère, canard, faisan, bécasse, etc...
Je remarque qu'ils ont tous un chien attaché à leur

ceinture. Ces chiens sont de même robe — noir mal
teint — poil ras ; leur race, s'ils en ont une, m'est incon-
nue. Ce qu'il y a de certain, c'est qu'ils m'ont l'air bien
mis et admirablement dressés au rapport.

Les chasseurs invités ne le sont pas par politesse :
on a besoin d'eux, car là-bas, la chasse doit produire
un revenu. En Autriche, pas de chasses banales, pas
de petites propriétés : un propriétaire ayant moins de
200 hectares de terre ne peut chasser chez lui, et la
chasse appartient à la commune, qui la loue pour son
propre compte.

Si le propriétaire a 200 hectares d'un seul tenant,
il peut alors seulement chasser sur sa propriété
mais il doit, en compensation, payer à la commune
une redevance égale au prix qu'elle pourrait obtenir
de la location si elle la donnait à bail. Les sommes
récoltées ainsi par la commune sont consacrées à la
diminution de certains impôts. Tout cela ressemble
bien peu à ce que nous avons en France. Je crois,
néanmoins, que personne n'envierait chez nous cette
législation plutôt... démodée — ou à coup sûr contraire à nos mœurs. Rien d'étonnant, donc, qu'en
Autriche les braconniers soient peu nombreux, chacun
ayant intérêt à ce que la chasse soit giboyeuse, puisque les loyers, s'ils tombent dans la caisse de la Commune, empêchent pourtant l'argent de sortir de la
poche des contribuables. Les tribunaux sont, du reste,

QUELQUES PIÈCES

très sévères, et à ce sujet je citerai un exemple qui m'est resté dans le souvenir : un paysan, ayant trouvé devant sa porte un chevreuil blessé qui était venu y mourir, le ramassa et s'en régala avec sa famille. Pincé par un garde, traduit en justice, il s'en tira avec... six mois de prison ! Qu'en diraient nos bons magistrats, si bons pour les braconniers *de profession* ?

La chasse d'Eferding, voisine de celle de la baronne de Hirch, est d'une contenance d'environ 6.000 hectares. Elle est composée de vastes plaines entourées de collines dont les pentes sont en partie boisées, les autres en culture. Les bois sont, en général, des futaies de sapin qu'on régénère par coupe blanche, suivie d'une plantation de toute la surface ; les plantons sont espacés de 1 m. 20 en tous sens ; il en résulte donc des fourrés très épais, et c'est là que les faisans se tiennent de préférence avant que les bois aient atteint l'âge de vingt ans. Passé cet âge, la forêt est sans sous-bois et l'on n'y trouve guère que du chevreuil et du lièvre. Les arbres sont coupés vers cent ans.

Eferding est à quelques kilomètres seulement du Danube, dont les rives sont, en hiver, peuplées de nombreuses variétés de gibiers aquatiques.

Mais nous voici en chasse ! Il y a deux façons de procéder : le *Treib* et le *Kessel*.

Le *Treib* ou traque est notre battue, notre vulgaire

rabat. On poste des tireurs, et les rabatteurs poussent le gibier devant eux. Souvent, et principalement dans les chasses de chevreuil, les tireurs enveloppent presque entièrement la battue. Pour la chasse du faisan on les suit quelques fois sur deux lignes parallèles avec des crochets aux ailes. Si le bois est de forme irrégulière les rabatteurs ne marchent pas alignés ; on les répartit en deux ou trois escouades qui convergent sur un point donné.

Le *Kessel* — ce mot signifie chaudron — est la grande chasse classique d'Autriche. Les chasseurs et les rabatteurs sont réunis ; le garde chef les sépare en deux bandes et désigne pour chacune d'elles un chef de file connaissant bien le terrain. Chacun d'eux part et marche suivant une demi-circonférence pour rejoindre son collègue à l'autre extrémité du diamètre passant par le point de départ. Le garde fait suivre les chefs de bande alternativement par un tireur et un rabatteur : on doit se suivre et marcher exactement dans les traces de celui qui vous précède.

Lorsque les deux chefs de bande se sont rejoints, l'enceinte se trouve ainsi entourée par des tireurs et des rabatteurs. Sur un coup de sifflet, tout le monde converge vers le centre en levant et tirant le gibier.

Cette chasse est très fatigante, car les sillons sont profonds d'environ 30 centimètres. Au fond, l'eau séjourne, ou bien, s'il y a de la neige et qu'on rate son saut, on se trouve plongé dans un sorbet à la glace, plutôt désagréable.

Les lièvres sont gîtés sur les revers des sillons, levés ils sont difficiles à tirer, car ils disparaissent presque entièrement. Il est fort curieux de voir les chevreuils au gîte dans ces plaines ; on aperçoit au loin leur tête paraissant sortir de terre et leurs oreilles qu'ils remuent en signe d'inquiétude produisent un effet des plus bizarres.

Lorsque l'enceinte n'a plus que 200 mètres de diamètre, le garde chef donne un second coup de sifflet ; dès lors il est interdit de tirer dans le cercle, et l'on doit attendre que les lièvres aient forcé en arrière. Si les chasseurs sont assez rapprochés pour qu'aucun gibier ne puisse passer sans être salué par les coups de fusil de deux d'entre eux, c'est-à-dire s'ils sont à 30 ou 40 mètres les uns des autres, ils s'arrêtent et les rabatteurs continuent seuls jusqu'au centre, forçant ainsi le gibier à traverser le cercle.

La grandeur de l'enceinte varie, en général, de 15 à 60 hectares ; quant à l'intervalle au départ entre les tireurs et les rabatteurs il est fixé en raison de l'étendue de l'enceinte et du nombre des fusils : c'est le garde chef qui règle ces points. Pour sa part le chasseur n'a guère qu'à observer ce qui est dit ci-dessus ; son initiative se borne presque à savoir se déplacer quand on converge vers le centre, de façon que tous les tireurs soient bien répartis sur le pourtour de l'enceinte.

Il doit encore battre avec soin le terrain, afin de

LA VOITURE AU GIBIER ATTENDANT SA CHARGE

mettre sur pied le plus de gibier possible en le poussant devant lui. Un kessel prend de une demi-heure à une heure. Une bonne journée de cette chasse peut rapporter 100 lièvres et même davantage ; ces lièvres sont plus gros que les nôtres, mais néanmoins fort bons à manger et nullement semblables à ceux du Duché de Bade, dépréciés à juste raison.

La disposition de la culture est très propice au gibier dans ces pays, mais sa protection de par les lois contribue aussi beaucoup à son abondance, je le répète.

Le faisan se reproduit admirablement à l'état sauvage ; il est de race anglaise, sans collier. Son vol est très rapide et ses moyens de défense remarquables ; il a, notamment, le chic pour se brancher au milieu des battues devant les traqueurs, et c'est bien le diable de l'apercevoir dans les branches d'un sapin. — Le perdreau est très abondant, mais on ne le chasse qu'en septembre. — Le chevreuil pullule : on ne tire pas les chèvres mais les broquarts ayant perdu leurs bois en décembre ; la distinction est difficile, sauf peut-être pour les habitants du pays, qui ont le coup d'œil pour les reconnaître. — Les rabatteurs crient *haro* pour le lièvre et tout gibier à poil, *reh* pour le chevreuil et *tiro* pour tout gibier à plume.

Une voiture à deux chevaux suit la chasse et sert au transport du gibier qui est, par contrat, vendu d'avance à un marchand ; — c'est à lui qu'on devra s'adresser si l'on désire une pièce ; il vous fera payer un lièvre 2 francs environ, un faisan 2 fr. 50, un chevreuil de 15 à 20 francs.

On attache les lièvres par les pattes de derrière avec

UN TABLEAU

une ficelle, on les croise deux par deux et on les met
à cheval sur des bâtons, dix par dix. On met les
bâtons en travers sur la charrette.

Une fois les battues terminées, on ne tire rien en
dehors ; les fusils sont déchargés. Derrière la voiture
au gibier se trouve un caisson à deux roues où sont
installées les cartouches. Le plomb dont on se sert
pour le lièvre est le 4 correspondant à notre 2 et le
8 pour le faisan, qui correspond à notre 4.

Parmi les types d'indigènes les plus curieux que
j'ai remarqués à Eferding, je dois citer Herr Director :
je ne l'ai du moins connu que sous ce nom. Jadis à la
tête d'un pensionnat de jeunes filles, Herr Director est
maintenant un chasseur enragé — je ne dirai pas de
profession, — mais en tout cas il passe son temps à
consacrer à saint Hubert. — Il ne fait qu'un avec son
chien, qui ne le quitte jamais ; ce chien est déjà vieux,
complètement sourd, et n'obéit à son maître que par
signes : celui-ci agite son mouchoir et l'animal comprend fort bien ce qu'il lui demande.

A côté de Herr Director, dans le clan des Français
présents aux battues, l'un fut baptisé par les naturels
du pays « Herr Répétir » parce qu'il se servait d'un
Winchester à six coups ; quant à moi, on me gratifia
du titre de « Herr Fotograf ». Je ne veux pas oublier
de mentionner, non plus, un des chasseurs les plus
réputés dans le Tyrol comme « tueur de chamois ».

— C'est un gars solide, d'une taille dépassant deux mètres, et qui, avec Herr Director pourrait faire la pige aux plus fameux tireurs de pigeon de notre pays.

Tous les habitants de ces contrées sont d'une grande piété, et je ne fus pas qu'un peu surpris quand je vis pour la première fois chasseurs et rabatteurs s'arrêter et se découvrir pendant qu'au loin, dans le village le plus rapproché, sonnait l'Angelus. Chez nous on ne pourrait guère plus voir ce petit spectacle, touchant dans sa simplicité, que sur le tableau de Millet. — La politesse des rabatteurs — que les gardes, entre parenthèses, mènent très durement, est aussi surprenante : si le propriétaire de la chasse leur offre une choppe de bière, tous cérémonieusement viennent le remercier et lui apporter leurs souhaits. Est-ce parce que la musique adoucit les mœurs qu'ils sont si polis, si aimables ?

Ce serait bien possible car ils sont tous grands musiciens, et le soir, des rues d'Eferding, on peut entendre dans la plupart des maisons un harmonieux concert.

Mais à la chasse le temps passe vite ; il faut reprendre l'Orient-Express. — Eferding est déjà loin ; le train file... les jours et les heures ont marché aussi rapidement que lui... Paris ! le remue-ménage de la capitale retrouvée au matin fait contraste étrange avec le calme du pays de là-bas. Le foyer nous attend, on retrouve les visages connus — on entend parler français... Allons ! n'est-on pas bien chez soi ? La neige tombe, et au coin du grand feu qui pétille on revit en souvenir les bonnes journées d'antan.

L'AVANT-GARDE DU PASSAGE : LA GRIVE DE VIGNE

VOICI L'AUTOMNE ET LE PASSAGE

Voici l'automne ! l'automne aux

Jours d'or et nuits d'argent,

suivant la gracieuse expression de Jean Lorrain. Aux
brouillards du matin volent mille oiseaux de passage
qui viennent égayer nos campagnes. Voici les grives
qui passent rapides avec leur « tic » strident. Les
grives arrivent en France, en général, au moment pré-
cis de la maturité du raisin. Si vous voulez vous rendre
compte de l'abondance du passage, très variable chaque journée, suivant les vents plus ou moins favorables, vous n'avez qu'à aller faire un tour derrière
les vendangeurs. Vous verrez la grive s'élever vive-
ment parmi les échalas et aller se reposer pas bien
loin, et continuer sa cueillette jusqu'à ce que, alourdie,
à moitié grise, elle s'en aille dormir tranquillement sur

7

quelque branche tout en ayant soin de bien se cacher dans le feuillage.

Elle est bien jolie, la petite bestiole, quand elle s'envole, avec son dos gris cendré tirant un peu sur le roux et son ventre moucheté de piqûres noirâtres.

La grive au cri perçant fuit et rase les treilles.

Mais voici les vendanges terminées ; seules quelques grappes égarées, oubliées çà et là maintiendront quelque temps ce fin petit gibier. Le moment est arrivé ! Prenez votre fusil, des cartouches de petit plomb : du 8 pour le premier coup, du 7 pour le second, et faites-vous accompagner d'un chien sage qui vous servira tout à l'heure. Vous n'aurez pas grand chemin à faire. Si vous êtes sortis par un joli matin brumeux cachant encore un peu le soleil qui paraîtra sous peu et si le passage est bon, les grives s'envoleront bientôt autour de vous. C'est alors qu'il faut faire preuve d'adresse et de dextérité, car le tir n'est pas commode. Et ce n'est pas sans raison qu'un amateur a surnommé la grive « la bécassine des vignes ». Tantôt elle s'élève tout droit montant au ciel, tantôt elle file rasant les échalas. Quelquefois aussi elle viendra sur vous, vous passer sur la tête. Et tout cela c'est l'imprévu, tout cela c'est l'amusant. Je ne connais pas, à mon avis, de plus joli tir que celui de la grive. Démontée, elle court très vite, sautillant à travers les files d'échalas, et c'est là que votre chien vous sera un précieux auxiliaire ; sans lui vous en perdrez beaucoup.

La chasse dans les vignes dure peu ; les grappilleurs, gens bien encombrants pour les chasseurs de grives, et les oiseaux eux-mêmes auront vite fait de faire place nette. Mais tout n'est pas perdu. Il vous reste encore les haies et les gros buissons couverts de graines. Les haies vives remplies de senelles, de grosses prunelles bleues, les épines aux graines rouges : les buissons ardents, les sorbiers aussi offrent à votre ennemi une nourriture très délicate. Vous trouverez là l'occasion de faire de gentilles chasses, mais il faut être deux, car sans cela, la grive, très rusée, trouvera toujours moyen de partir du côté opposé à celui où vous passerez. Suivez donc les haies chacun d'un côté et il faudra bien que le pauvre oiseau essuie le feu à droite ou à gauche. Il arrive parfois que le raisin est mûr trop tôt et que le passage n'est pas encore fait au moment des vendanges. J'ai vu alors les grives par certains matins d'octobre s'abattre en foule sur les buissons, quand le vent est d'Est. En se cachant un peu il est possible de tuer plusieurs douzaines d'oiseaux dans une seule matinée.

L'oiseau de passage, fût-il gros, fût-il petit, est toujours le gibier rêvé. D'où vient-il, où va-t-il ?... C'est un mystère difficilement éclairci. Il est curieux de remarquer que les voyages à travers les airs ont des

chemins tracés régulièrement suivis par les émigrants.
Parmi les coins de France choisis par les voyageurs,
il en est un que j'affectionne particulièrement : c'est
ce joli faubourg du Havre qui a nom Sainte-Adresse.
Voici bien le paradis du chasseur, car, dès que l'automne commence à rougir les feuilles de nos bois, dès
que la bise fraîchit, le passage commence ; mais ce
n'est rien à comparer avec celui qui, poussé par les
premières neiges du Nord, fait son apparition au-
dessus des falaises et file en suivant la côte et s'orien-
tant vers le Sud.

Il se fait toujours à la même place, sur un rayon
de quelques mètres, c'est là que passe le gros de la
troupe. De Sainte-Adresse on le voit pointer du haut
des phares de la Hève, piquer en descendant les côtes
et passer un peu au-dessus de cet établissement de
bains, bien connu des Parisiens sous le nom de « Bains
de la Falaise ». Les plus vieux habitants de la ville ont
toujours vu le passage s'effectuer à cet endroit, et il
est probable qu'il en est ainsi depuis des centaines
d'années, depuis que le monde est monde. Et c'est
alors, dans tous ces petits jardins, la canonnade qui
commence, la chasse à ces pauvres bestioles qui filent,
affamées, devant la neige et le froid. Les corneilles
mantelées passent en bandes serrées, avec leur sinistre
croassement et annoncent, au matin, la rigueur de
l'hiver ; puis, pêle-mêle, les grives — surtout le mau-

vis ou mauviard, la litorne ou grive des Ardennes, la draine, les sansonnets... et tout ce petit monde ailé s'abat avec mille et mille cris de joie sur les arbustes chargés de graines : houx, sorbiers, buissons ardents, et cherche, malgré les coups de fusil qui retentissent de tous côtés, à glaner quelque nourriture avant de repartir, emportés par le vent, vers le Sud, où se trouvent la nourriture, la chaleur, le salut enfin !

Les bécasses s'abattent dans les jardins, n'importe où, et on en a vu parfois dans le Havre même se promener gravement dans le jardin public. La neige — le passage ! ! Mais on voit des oiseaux de toutes espèces, on peut en tuer de toutes les variétés sans bouger de place, ils passent, ils passent à travers les flocons de neige ! Là, voici une corneille désailée tombant dans la rue, sur le parapluie d'une femme ahurie ; plus loin une grive dégringole sur le tramway et chaque petit propriétaire, tranquillement installé sur son perron, tire et tire toujours. Par ces temps-là on a vite fait de ramasser une centaine de grives ou de corneilles. Je me souviens de quelques journées extraordinaires où l'on s'arrêtait de tirer, de crainte de la migraine causée par les trop multiples détonations.

Je me souviens aussi des nuits, de ces nuits froides et tristes d'hivers, avec la neige — toujours la neige ; — les oiseaux affolés volent en poussant des cris stridents, oiseaux de toutes espèces, de toutes couleurs,

de toutes tailles. Dans les gouttières des maisons les
vanneaux, pluviers, courlis, etc., courent éperdus, et
l'on peut entendre distinctement le bruit des pattes sur
les toits. D'aucuns, aveuglés par la lumière, se frappent aux carreaux.

Aux phares de la Hève le gardien, sans l'aide du
fusil, se fait souvent de jolis rôtis, car il sait bien
qu'après les nuits de passée il lui suffira, au matin,
d'aller faire son petit tour de ronde autour de son
domaine pour ramasser des oiseaux assommés contre
la lanterne des phares. Et cela est si vrai que parfois j'ai
trouvé de ces pauvres bestioles, sans doute échappées
à l'œil pourtant vigilant du gardien.

Mais je parle de Sainte-Adresse et pourtant comme
passage il y a mieux, paraît-il !...

Connaissez-vous Sainte-Foy-la-Grande ?... Moi non
plus ! eh bien, nous avons tort, croyez-moi : Sainte-
Foy-la-Grande — je le sais depuis quelques jours —
est un vrai paradis pour les chasseurs. C'est avec une
joie sans égale que j'ai entendu un natif de cette ville
narrer les chasses épastrouillantes, mirobolantes qu'on
fait de ces côtés, et je brûle d'envie d'y aller ballader
mon carnier, que je vois déjà rebondi, prêt à éclater.
Il faut vous dire que ces récits, combien colorés, m'ont
été faits par un charmant garçon, spirituel et passionné
pour tout ce qui chasse, comme on sait l'être par là-
bas quand on se met à jouer du fusil... s'il y a du

gibier vers Sainte-Foy ? Mais, mes bons, les battues des environs de Paris, les battues dites princières, ne sont que bagatelles ! et quelle variété de gibier ! !

LELONG D'UNE RIVIÈRE : L'ARRIVÉE DE LA SAUVAGINE

La plume d'abord y abonde : le perdreau s'y rencontre en compagnies si nombreuses qu'elles obscurcissent le ciel, et quels perdreaux ! des rouges, des gros rouges autrement beaux que nos misérables perdreaux gris, et ils sont malins les mâtins, mais les

« cacheux » de l'endroit ont à leur intention des « pé-
toires » qui crachent la mort au tonnerre du diable.
Puis la caille, quand la passée est belle, fourmille litté-
ralement. On ne tire pas une caille isolée — fi donc !
d'abord c'est très mal vu, ce n'est pas chic, et puis on
en brûlerait des cartouches ! On attend qu'il en lève
trois, quatre, cinq, dix, cent — puis, on tire au
« croisé ». Quelle hécatombe, mes amis ! Les palom-
bes ? mais on les ramasse à pleins filets, et les bécasses
se prennent à l'hameçon : comme je vous le dis, avec
un hameçon très petit garni d'un beau petit ver bien
grouillant. Une jolie pêche, ma foi ! Et les petits
oiseaux, quand le temps est humide, il en passe que
c'en est affrayant ; que d'espèces, que de variétés ! il
faudrait un dictionnaire pour énumérer tous leurs
noms bizarres ; un dictionnaire ! et moi, qui ne connaissais que le « semble feuille » le « queue rouge »,
le « titi », le « tutu », « le « becfigue » et « l'ortolan »...
Pauvre malheureux ! Aussi, vous pensez bien qu'il en
faut, des engins, pour lutter contre cette armée de
bêtes ailées — et il y en a, je vous le promets, des
filets, des lacets et des trucs de tous genres — oh ! on
est inventif dans ces parages !

Quant aux festins fournis par ces mille et mille
gibiers, ils détrônent incontestablement ceux de
Lucullus. Sachez seulement, entre autres exemples,
que les petits oiseaux périssent dans le vieux cognac

ou le genièvre — triste baignade — et que le goût de leur chair se parfume exquisement ; avec cela du vieux bordeaux, car n'est-on pas en plein Bordelais ?

Et le poil, croyez-vous qu'il en manque ? Il y a peu de temps encore les loups disputaient aux chiens dans les rues de Sainte-Foy les détritus des poubelles et on les canardait à la lueur des veilleuses. Les sangliers sont nombreux, et il arrive encore de voir des ours se montrer timidement... On tue en septembre le lièvre de pays qui ne pèse que 4 ou 5 livres, mais en décembre on rencontre le *grand lièvre roux d'Allemagne*, qui va jusqu'à 10 ou 12 livres.

— Parfaitement — vous ne savez donc rien — s'écria notre ami de Sainte-Foy devant quelques sourires moqueurs — mais c'est connu, N... de D..., que les lièvres d'Allemagne vont en Espagne passer l'hiver. Ainsi, tenez, dans les Pyrénées on ne tue des lièvres qu'au moment où ils traversent la montagne dans un sens ou dans l'autre — et puis, si ce n'était pas, comment m'expliqueriez-vous, tudieu, que ces lièvres pèsent 10 à 12 livres et les autres 4 à 5 seulement ?

Et comme je répliquais, bien naïvement, du reste, que de septembre à décembre les lièvres de pays ont pu grossir, je restai le bec dans l'eau devant cet argument irréfutable :

— Bon Dious ! Quand je vous dis qu'ils ne se ressemblent ni comme goût ni comme couleur !...

J'entendis bien quelqu'un de nous murmurer : Des
goûts et des couleurs... », mais l'ami continuait toujours :

Oh ! si vous veniez les voir ces « levraches », elles
sont grosses comme des bourriquots !

Et moi tout bas je pensai : « Seigneur, quelle injus-
tice ! vous faites passer tout le monde à Sainte-Foy-la-
Grande... vous auriez pu nous envoyer aussi quelques
visiteurs — à nous, hommes du Nord ! »

L'ALOUETTE AU MIROIR

Nous voici arrivés au plein moment de la chasse au miroir, le passage des alouettes est déjà signalé de bien des côtés et l'occasion est bonne pour se faire la main et pour passer d'agréables matinées. De même que pour le passage des grives, bien fin celui qui pourra dire : « Ce matin nous sommes assurés de la réussite ». On ne sait pas, on ne sait jamais, et l'incertitude ne rend que plus attrayante la chasse de l'alouette. D'une manière générale, le vent d'Est-Nord-Est est le meilleur pour la passée, mais il n'y a pas de règle sans exception et dans ce cas-là, les exceptions sont nombreuses. Je sais bien que par une belle matinée d'automne, quand la terre est couverte d'une légère gelée blanche et que le ciel est sans nuages, on a toutes les chances de faire un tableau, surtout si l'on se trouve dans un bon endroit ; mais il y a tableau et tableau, et pour ma part, je pense qu'il

n'est pas la peine de se déranger si l'on ne descend
pas au moins quatre à cinq douzaines d'alouettes dans
sa matinée, surtout si l'on a mieux à faire autre part.

Le vent fait du tort au passage de même que la cha-

AU MIROIR

leur, car les alouettes sont paresseuses et se posent
dans les champs, aussi la fraîcheur de la terre est à
souhaiter ; elle leur glace les pattes et les alouettes
montent au ciel en sifflant de gaies chansons... Pauvres petites ! elles voient le miroir qui les fascine et

elles descendent tantôt doucement en exécutant des
courbes harmonieuses, tantôt en piquant droit comme
si le plomb leur avait déjà brisé l'aile. Le chasseur fera
bien s'il le peut de se dissimuler derrière une butte, un

LA CHOUETTE SUR SON PERCHOIR

buisson, mais ce n'est pas indispensable, car l'attrait
du miroir pour l'alouette est si grand qu'elle s'effa-
rouche difficilement. La voici au dessus du miroir,
elle plane un moment, s'en va, revient... si on la manque il n'est pas rare de la voir revenir encore s'offrir

aux plombs du chasseur. D'aucunes mirent au ciel
sans vouloir descendre, ce sont le plus souvent les
alouettes de pays. Mais voici vers l'Est une bande
qui arrive, à la vue du tireur tout le paquet s'écarte,
mais quelques-unes pourtant se décident à descendre,
excitées par la curiosité qui va leur être fatale... Par
moment on ne sait plus où donner de la tête, il en
passe de tous côtés, le fusil chauffe, et les pauvres
petites jonchent le sol...

Allons, Mesdames et Demoiselles les débutantes,
prenez votre petit calibre, couvrez-vous chaudement,
et ne craignez pas de vous lever un peu matin pour
tirer des alouettes au miroir... Peut-être avez-vous du
mal à bien épauler et à réussir un coup de fusil sur
du gibier « sérieux » mais il faut un commencement
à tout : l'alouette vous sera un parfait exercice et
quand vous serez capables de rapporter à votre cuisi-
nière un rôti de ce petit gibier, tué de votre blanche
main, vous verrez combien les faisans, perdreaux,
lapins ,etc., vous sembleront faciles. Je sais bien que
pour les premières fois cela vous semblera cruel de
tuer ces pauvres petites bêtes, mais souvenez-vous
que le cœur du chasseur doit être dur, et qu'avec de
l'habitude vous n'y penserez plus...

Puisque j'en suis à la chasse au miroir, il est utile,
je pense, de parler de l'instrument lui-même. Je recom-
manderai de se servir de préférence du vieux miroir à

ficelle ; ses mouvements moins réguliers que celui du miroir mécanique provoquent des feux plus brillants, je crois ; en tous cas j'ai remarqué que l'alouette le préférait. On vend chez les marchands des miroirs de 3, 4 et 5 francs ; ne les achetez pas, ils ne sont guère fameux. Demandez ce qu'on vend de meilleur et vous m'en saurez gré.

N'importe quel gosse saura vite faire marcher le miroir, il suffit de tirer mollement la ficelle sans mouvements brusques ni saccadés. Placez le miroir à dix ou douze mètres de vous, ce qui est amplement suffisant. Vous pouvez utiliser avec succès le miroir à mécanique de concert avec celui à main, en le plaçant à une dizaine de mètres de l'autre, dans la même ligne et du côté d'où vient le passage ; ce moyen est bon, car les alouettes commencent à baisser sur le premier miroir et se trouvent bien à portée en arrivant sur le second qui les arrête instantanément. Dans certaines contrées on se sert aussi d'une chouette pour la chasse aux alouettes, elles ont une haine de race pour les oiseaux nocturnes et la manifestent en tournoyant au-dessus de leur ennemi sans toutefois oser s'en approcher de bien près. Je sais qu'il est des chasseurs qui se promènent en plaine, et lancent en l'air la chouette, qui va retomber quelques pas plus loin ; elle ne peut voler que mal car on a eu soin de lui attacher ou de lui arracher quelques grandes plumes d'une aile. Je dois avouer que je n'ai jamais pratiqué ce sport, mais j'ai souvent utilisé la chouette de concert avec le miroir. Il suffit de l'attacher par la patte à un petit plateau monté sur une perche de 1 m. 50 environ, qui sera plantée en terre à quelques mètres du miroir. Si vous avez affaire à des alouettes belliqueuses la chouette vous sera utile, en tous cas elle ne vous nuira pas. Le tir de l'alouette nécessite une certaine pratique. Il n'est pas difficile mais il faut attrapper le « coup ». Ne pas la tirer quand elle descend sur le miroir, car on a de grandes chances de lui voir faire un crochet au moment où le doigt a déjà pressé la gâchette ; il vaut mieux attendre qu'elle arrive sur le miroir; car elle restera bien probablement quelques scondes à planer au-dessus. Comme principe: ne jamais redoubler sur la même alouette ; on la manquera neuf fois sur dix. Le secret est de tirer vite.

Je le répète, la chasse au miroir est fort amusante, on tire souvent et l'aspect si joli de la campagne par un beau matin de passage en augmente encore le plaisir. Je vous souhaite donc de gais et radieux réveils, sans trop oser vous souhaiter bonne chasse, car on dit que cela porte la g..... (encore un mot qu'il ne faut jamais prononcer... Oh superstition !).

L'alouette se chasse aussi au cul levé. Et, quoique ce sport soit peu pratiqué, j'estime qu'il est pour les débutants un excellent exercice de tir. L'ennui, c'est que

neuf fois sur dix, lorsqu'on a son fusil chargé de cen-
drée, il vous déboule un gros lièvre sous les pieds...,
pour le moins ! — Et les chasseurs les plus calmes et les
plus polis jurent à qui mieux mieux, en cet instant
plutôt... énervant ! Il est vrai que la chasse n'est rien
moins qu'une école de civilité.

CHASSES D'ÉTANGS

Quoique gibier de passage, le canard a chez nous
le triste honneur d'être la première victime de la saison de chasse. Sur nos grands étangs, en effet, bon
nombre de ces oiseaux nomades se sont fixés et ont
élevé leurs petits. La date d'ouverture du « halbran »
(ainsi nomme-t-on le caneton) est fixée dans les environs
du 15 juillet.

Le canard couve tôt : l'incubation de ses œufs est de
trente jours, c'est-à-dire neuf jours de plus que ceux du
faisan ou du perdreau. En revanche les petits poussent
vite. Sitôt sortis de l'œuf, les voici déjà dans l'eau,
courant de-ci de-là et clapotant à qui mieux mieux. Ils
sont gentils, ronds comme de petites boules, vifs et l'air
éveillé. Déjà indépendants ils s'écartent de la mère et
souvent la perdent. Dans leur âge tendre, leur nourriture ne se compose guère que de vermisseaux et de

petits insectes qu'ils happent au vol au-dessus des
nénuphars et autres plantes aquatiques. Ils craignent
les intempéries, mais résistent peut-être mieux à un

SUR LES BORDS D'ÉTANG : CHASSE AU CHIEN D'ARRÊT

temps légèrement frais sans être rigoureux, qu'à une
température élevée et orageuse. La cane a soin de
ses petits, mais ne se rend pas souvent compte de leur
fragilité. Elle s'agite à l'excès, va et vient dans les

roseaux et en sème souvent en route. Quant au mâle, il s'appaire volontiers à l'état sauvage, ce qu'il ne fait

SUR UN ÉTANG : CHASSE DU HALBRAN

pas à l'état domestique. Il manifeste, du reste, une indifférence complète pour ses enfants.

Le halbran se tient en général en compagnie au mo-

ment de *son* ouverture. Si, à cette date, il est fort on a
beaucoup de mal à l'approcher ; s'il n'est pas assez
gros il ne veut pas ou plutôt ne peut pas voler. Il est
bien rare de tomber aux premières chasses sur le moment propice, intermédiaire de ces deux **extrêmes**.
Aussi on ne tire pas souvent de halbrans à l'arrêt du
chien, si ce n'est le long de certaines rivières, lorsque
les cureurs ne sont pas encore passés par là et n'ont
pas enlevé les joncs indispensables comme couverts.

Le halbran est facile à tirer. Il part d'un vol lourd
au début et le plus souvent en montant. On doit se méfier de ne pas tirer trop bas, défaut fréquent chez les
chasseurs.

Le meilleur calibre pour le tir du canard devant soi
est le 12 ; le plomb le plus employé est le six, bien que
le sept et le huit donnent aussi d'excellents résultats.
Je parle naturellement de la chasse d'ouverture : elle se
fait soit de bord, soit en bateau. Il est utile de chercher
toujours à aborder le gibier à bon vent. Ce principe est
général, quoique quelques-uns préfèrent tuer la bécassine à mauvais vent. On choisira pour se mettre en
campagne un jour chaud où le soleil donne bien ; les
canards se trouvent assoupis dans les roseaux du bord.
Il faut avoir un chien sage, obéissant et qui ne craigne
pas de se mettre à la nage ; il faut qu'il soit tenace,
c'est-à-dire qu'il ne se décourage pas, car le gibier
d'eau est souvent dur à lever. Comme race il est diffi-

cile d'en fixer une ; les chiens à poils longs doivent être naturellement préférés; les griffons et les épagneuls sont de bons auxiliaires. Le cocker est un peu petit.

Certains spaniels de très grande taille, ainsi que les bâtards de pays chassant en choupilles rendent là d'excellents services, car ils peuvent mettre le gibier sur l'aile et non l'arrêter. Il est à remarquer qu'au moment où les halbrans commencent à voler les « maillards », autrement dit les canards d'au moins un an, sont en pleine mue et se font prendre souvent par les chiens.

Si par malheur on désaile un canard, il ne faut pas s'obstiner trop longtemps à le rechercher ; ce serait peine perdue et surcroît de fatigue inutile pour le chien qui le retrouvera de suite — ou jamais — car le canard s'empressera en plongeant de gagner le large et sera vite à l'abri des poursuites. Du reste, on court la chance en battant les bords le lendemain avec son chien de repincer l'animal, qui navigue peu tant que sa blessure n'est pas bien cicatrisée.

Quoique ces mois de juillet et août ne soient pas véritablement des mois de passage, nous avons pourtant sur nos rivières, cours d'eau et étangs certains autres gibiers qui ne sont pas à dédaigner. La sarcelle couve bien chez nous et procure un tir amusant et sûrement plus difficile que celui du canard. Son coup d'aile est rapide et une fois lancée elle a parfois au-dessus des roseaux des mouvements balancés qui déconcertent le chasseur.

Le petit butor — dont le cri ressemble au mugissement d'un bœuf — est aisé à descendre : oiseau bête, au vol stupide et qui s'en va les pattes pendantes avec son grand cou imitant celui du héron. Les vanneaux sans être nombreux en été se voient pourtant sur certains étangs. — Sur d'autres on y trouve des judelles et partout où il y a de l'eau on rencontre la petite poule d'eau si gentille — toujours difficile à lever et elle a raison, la pauvrette, car une fois en l'air elle peut éviter la bredouille au plus maladroit chasseur, tant elle offre un point de mire facile !

A citer encore les rales, les culs-blancs, dont on compte plusieurs espèces. — Eux préfèrent les eaux courantes aux étangs et procurent un tir agréable, car ils volent vite et font de nombreux crochets.

J'ai dit qu'on chassait encore les halbrans en bateau. Cette chasse se pratique le plus souvent sur les étangs, car en cette saison les canards ne vont guère sur les rivières et s'ils habitent les petits cours d'eau, ceux-ci ne sont généralement pas navigables. Ces bateaux ou barques doivent être très légers et à fond plat, afin de tirer le moins d'eau possible. Ils doivent, en effet, passer un peu partout. Il est utile de faire tracer quelques chemins dans les roseaux qui couvrent souvent par trop certains étangs. On ne doit pas se servir de rames,

mais pousser le bateau avec une perche en prenant
appui sur le fond ; les rames ne doivent être employées

APRÈS UN MATIN D'AFFUT : LA RECHERCHE DES PIÈCES

qu'exceptionnellement, dans les endroits profonds. En
effet, même en ramant très bien, on ne peut éviter un
certain clapotis de l'eau, que les canards savent bien

entendre. Avec une perche on arrive, avec un peu d'habitude, à glisser sur l'eau silencieusement. Il est bon de se faire accompagner, car il est difficile, pour ne pas dire impossible, de diriger le bateau et de tirer en même temps. Il faut se tenir à l'avant et être prêt à mettre vite en joue : les roseaux sont hauts et il arrive fréquemment de ne voir le gibier que l'espace d'un instant. On peut utilement emmener son chien ; on lui fait battre les endroits où le manque d'eau empêche d'avancer, et, de plus, il est souvent difficile d'aller chercher le gibier tué et tombé au milieu des joncs.

Dès que les froids paraissent, dès que le passage commence et tant que la gelée ne chasse pas les oiseaux aquatiques de nos étangs, il y a de quoi faire pour les « marécageux ». Des canards de races diverses vont grossir la troupe des « col-vert » sédentaires, et des gibiers variés viennent offrir aux amateurs de ces chasses d'eau un imprévu tant recherché.

C'est d'abord avec un matin d'affut que l'on pourra commencer la journée, pour la finir en battant les roseaux du bord, à la recherche des bécassines, au tir si difficile, mais si amusant. La chasse d'affut, que l'on désigne sous le nom de « tombée », renferme mille attraits, et le chasseur qui pratique pour le bon plaisir de tuer, aussi bien que le poète et le peintre y trouveront un charme dont ils se souviendront longtemps.

Avant le jour on doit se trouver dans sa barque, bien

cachée dans les roseaux, qui ne devront toutefois pas
gêner le maniement du fusil. On devra choisir sa place,
les canards et autres gibiers tombant de préférence à

UN JOLI TABLEAU D'AFFUT

celle-là, et ce n'est qu'en connaissant leurs habitudes
que l'on pourra se cacher à la meilleure.

Du quatre dans le canon gauche, du six dans celui
de droite, une provision de cartouches soigneusement

classées devant soi sur l'avant du bateau, car la « tombée » dure peu, et il ne faut pas perdre un instant ; nous
voici prêts — l'aurore commence à poindre, l'horizon
s'éclaire doucement, et déjà l'on entend quelques bruis-
sements d'ailes et des cris aigus, perçants qui sourdent
on ne sait d'où, tandis que dans l'eau les petits poissons, chassés par les perches et brochets, cherchent à
fuir à la surface pour échapper à la dent de leur ennemi.
Si l'on regarde le côté du soleil levant, les yeux se
troublent et par derrière l'obscurité semble plus dense
encore, aussi faut-il de préférence tourner le dos au
soleil.

« Couen, couen » une bande de canards passe sur la
tête du chasseur, et l'air siffle sous le battement pré-
cipité des ailes ; mais il a beau écarquiller les yeux
il ne peut encore distinguer les oiseaux, et pourtant
le ciel semble bien clair !

Déjà de tous côtés les roseaux s'agitent et l'eau
claque sous les gibiers qui s'y abattent.

Mais le chasseur aperçoit maintenant les judelles a la
livrée noire qui tachent le ciel au-dessus des grands
roseaux—, il distingue nettement les canards qui passent, rapides, et souvent à bonne portée.

La fusillade commence et les oiseaux encore assoupis
sur l'eau se réveillent au bruit des coups de fusil qui
retentissent dans le calme du matin ; ils s'envolent et se
joignent aux bandes attardées qui arrivent des champs.

Les sarcelles filent comme le vent et dès qu'elles se rendent compte du danger qui les menace, elles pivotent d'un brusque mouvement d'aile et le tireur, au moment de presser sur la détente, s'aperçoit qu'elles ne sont plus au bout de son fusil : déjà elles ont disparu derrière les joncs. Les bécassines passent en poussant leur petit cri strident et vont s'abattre sur les bords, pour y chercher pâture.

Les poules d'eau, les râles noirs, malgré leur paresse, font de petits vols de ci de là, pour saluer le matin naissant. Puis peu à peu le soleil monte... le jour paraît et le calme revient dans ces cités marécageuses; quelques oiseaux isolés volent encore, mais ils aperçoivent distinctement chasseur et bateau, et montent très haut dans l'air, pour chercher ailleurs un endroit plus sûr pour reposer.

Il ne reste plus qu'à ramasser les victimes qui ne sont pas toutes déjà dans le carnier car si les plombs ne les ont pas atteintes mortellement, elles ont pu nager dans les roseaux, où il est inutile de les rechercher. On rentre; il fait grand jour.

L'ANCIEN GABION OU « GABION FLOTTANT »

GABIONS ET GABIONNEUX

Quand la bise souffle dur, en hiver, et que le thermomètre est soudainement descendu au-dessous de
zéro, les canards et gibiers aquatiques quittent en
longues bandes les lacs et les étangs gelés et alors
inhospitaliers, et vont vers la mer rechercher leur élé-
ment favori, qu'ils ont pour l'instant perdu.

C'est le moment où les « gabionneux » vont faire de
belles nuits et gagner aisément leur vie ; je veux parler
de ces gens toujours bottés jusqu'au haut des cuisses,
vivant sur les rivages de mer, non loin de l'embouchure
des fleuves et des rivières, et qui passent la plupart de
leurs nuits dans leurs « gabions » ou « huttes », à l'affût
des oiseaux migrateurs qui passent et repassent toujours. Car il existe encore en notre pays, en dehors des
braconniers de profession, des hommes parfaitement
honnêtes vivant du produit de leur chasse. Ils sont

rares pourtant, parce que le gibier est rare, lui aussi. Saluons donc ces habitants des marais dont le fusil est le gagne-pain, et dont la chasse est loyale et légale. De génération en génération, ils ont exercé ce métier ; les femmes s'occupent de la vente du gibier qu'elles écoulent dans la ville la plus proche.

Autour de la bicoque qu'habite la famille et qui se trouve au pied de la falaise grouillent, pêle-mêle, gosses, chiens et canards, et tout ce petit peuple vit dans un parfait accord. Les chiens, sortes d'épagneuls marrons et gris, ont tous le même type. Les canards, qui sont de la race sauvage ordinaire, sont aussi les amis de la maison, car ils contribuent pour beaucoup dans la mort de leurs semblables. On les nomme les « appelants ». Chaque printemps la femme du gabionneux met une centaine d'œufs à couver ; une fois les canetons devenus adultes on choisira dans la bande une vingtaine de canes dont l'appel sera le meilleur, ainsi que quelques mâles ou « maillards ». Les autres seront vendus soit à la ville soit aux chasseurs bredouilles, bien heureux de rapporter chez eux cet animal de basse-cour qui leur donnera l'occasion de raconter quelque belle prouesse qui n'aura existé que dans leur fertile imagination.

Qu'il pleuve ou qu'il gèle, quel que soit le temps, enfin, le gabionneux prendra son fusil et partira à la brume, accompagné de son chien, et emportant dans

LE GABION FIXE OU HUTTE

un sac ses appelants ; quatre canes et un maillard d'ordinaire. Il s'en ira gagner sa chambre habituelle —
là-bas au milieu des marais — et de la passée de la
nuit dépendra son salaire.

Le principe de cette chasse est bien simple. Une
sorte de mare est creusée en forme de demi-cercle
d'une vingtaine de mètres de rayon. L'eau y arrive,
soit par infiltration, soit au moyen d'une petite rigole
allant à la mer, qui n'est distante que de 100 à
200 mètres environ. Au centre se trouve le gabion.
Autrefois la plupart des gabions étaient flottants et
avaient à peu près la forme d'un cercueil. On ne pouvait guère se tenir que couché : par devant on avait
juste la place de passer le canon de son fusil, mais l'ouverture permettait d'embrasser toute la mare d'un seul
coup d'œil. Maintenant on se sert moins du « cercueil »,
mais il est encore des endroits où l'on l'emploie couramment. Le nouveau gabion est beaucoup plus select.
C'est une sorte de hutte en terre dans laquelle se
trouve une cabane en bois où l'on peut facilement se
tenir assis. Il en est même — ceux des richards — qui
sont de véritables petits palais, mais je crois qu'on y
va bien plus pour s'amuser que pour chasser. L'ouverture, comme dans le gabion flottant, est sur le
devant et se ferme à volonté par une porte à coulisse.

Les appelants sont placés de cette façon : les quatre
canes à six ou sept mètres en avant du gabion et dans

la mare, on les attache par la patte avec une lanière en cuir au bout de laquelle se trouve un plomb qui les empêche de naviguer et de gêner le tireur. Le maillard est attaché derrière le gabion.

Les oiseaux aquatiques quittent, la nuit, la mer où ils se tiennent le jour et gagnent les marais, où ils vont patauger et chercher de la vermille et des petits poissons oubliés par les fortes marées dans les flaques. Mais en passant au-dessus de la mare, — derrière laquelle le gabionneux est là, attentif et prêt à faire feu — ils ont entendu les appelants, traîtres inconscients et tentés par ce petit coin si calme et par la tranquillité de ses hôtes, ils décrivent un cercle et s'abattent. S'ils tombent trop près des appelants, le gabionneux attendra qu'ils s'en écartent, pour ne pas tuer ses amis ; il attendra aussi le moment où plusieurs oiseaux seront rapprochés, afin d'en tuer le plus possible d'un coup de fusil, puisqu'il n'aura pas la faculté de redoubler.

Si la nuit est claire et si la passée est bonne, le gabionneux rentrera le carnier plein : mais, à cette chasse-là, la bredouille est fréquente et le métier bien dur.

Le tableau est varié et si le col-vert et la sarcelle forment en général le principal, il arrive aussi de tuer des oies, voire des cygnes. En outre, les hérons, peu estimés des gabionneux, ne sont pas rares, non plus que les judelles, les spatules et des multitudes de canards aux noms divers, tels que : vingeons, souchets, pilets, morillons, tadornes, siffleurs, etc., etc.

Et vous, chers lecteurs, avez-vous tenté, parfois, le métier de gabionneux? avez-vous risqué une nuit d'affût pleine d'émotions... ou de déceptions? Sinon, vous devriez le faire ; avec de la chance, vous ne regretterez pas le déplacement ; si oui, vous y retournerez, j'en suis sûr, à moins que vous n'ayez déjà éprouvé la contrepartie des joies qu'on y trouve : je veux parler des rhumatismes qui vous guettent et ne vous rateront pas si vous êtes assidus à cette chasse — car au gabion si on rentre bredouille de gibier, on est presque certain de ne pas rester bredouille de ces fâcheuses douleurs qui planent toujours sur ces vastes espaces, résidences favorites des oiseaux migrateurs.

A LA MER : UNE CHASSE D'ÉTÉ

La petite ville du Crotoy, située juste en face de Saint-Valéry, à l'embouchure de la Somme, est le rendez-vous d'une quantité de chasseurs qui viennent, soit dans les moments de la fermeture de la chasse pour y retrouver leur sport favori, soit à la fin de l'automne et aux gelées de l'hiver, y chercher les oiseaux de passage qui descendent en masse dans cette contrée. La baie, bien enfermée, est abritée des vents du Nord par la côte s'étendant du Crotoy à la pointe de Saint-Quentin : Le Crotoy marque, de ce côté, la fin du pays fertile, car après on ne trouve plus que des dunes de sable roulé en monticules dont la forme peut se modifier sans cesse au gré des vents. De l'autre côté de la baie la nature a été plus prodigue de ses faveurs et la végétation y est active, le pays très vert, principalement du côté de Saint-Valéry. Vers les terres, en s'éloignant de la mer, à l'endroit où la Somme quitte son lit, la rivière forme un coude brusque : on trouve dans ces parages des marais fort giboyeux.

Elle n'est pas jolie jolie, cette ville (?) du Crotoy. mais elle a l'avantage d'être proprette et intime ; ses petites maisons et ses boutiques lui donnent un air de famille avec certaines villes anglaises. Il y a peu d'années encore elle était presque ignorée comme station balnéaire. aujourd'hui — sans dire qu'elle soit très fréquentée — un certain nombre de familles viennent y passer leurs vacances et les naturels de l'endroit ont vu. avec des yeux ébahis, s'y ériger un casino (?) et un kursaal qui s'y font une concurrence difficilement active. Le Crotoy n'est plus « celui » d'il y a quelques années pendant la saison chaude, et les pêcheurs du petit port n'ont guère à chômer, tant ils ont à ballader de marins d'une heure dans la baie et à naviguer au large. pour récolter le poisson. que l'on vend plus cher qu'aux Halles de Paris. Les chasseurs y ont peut-être perdu un peu de leur tranquillité. mais le gibier est encore abondant, et il est plus que probable que nous ne verrons jamais Le Crotoy classé parmi nos plages mondaines. Pendant l'été, si la chasse est moins fructueuse en canards et gros gibiers qu'elle ne l'est en hiver, il y a, malgré tout. moyen d'employer fort utilement son temps. Dans la baie elle-même. trop sillonnée. en cette saison, par les bateaux de plaisance. on ne peut guère trouver que des mouettes ou des goelands : pour réussir il faut choisir une bonne marée et aller plus loin, en pleine mer : en partant à marée descendante. le flot

vous emporte au delà de la pointe de Saint-Quentin, et
le retour s'effectue seul, même sans vent, alors que le
flot revient dans la baie. Les coups de vent dangereux
s'élevant très vite de ces côtés et sans qu'on s'y attende,

DANS LE PORT ; AVANT D'EMBARQUER

il est utile de choisir un bon marin, pour éviter la baignade dernière dans la grande cuvette salée. En août,
les bandes de sarcelles sont déjà arrivées, mais elles
sont difficiles à joindre : le gros du tableau sera formé

par de petits pingouins, torneros ou hirondelles de mer, chevaliers divers, barges, pluviers, etc., voire un phoque, car il n'est pas rare d'en rencontrer dans ces parages à distance respectueuse d'ordinaire. On les aperçoit sur les bancs de sable du large et si une mère a un petit à soigner, dès qu'elle sent le péril elle envoie son rejeton sur son dos : il la tient serrée avec ses nageoires et ouf! un plongeon: vo ci tout le monde parti.

La chasse sur les bords, particulièrement attrayante pour ceux que la mer secoue désagréablement, est des plus productives. Vous désirez le programme d'une journée et d'une nuit complètes ? fort bien... Vous aurez un peu mal aux cheveux le lendemain, mais le carnier sera rempli.

Voici l'itinéraire : le premier départ du petit chemin de fer qui va du Crotoy à Noyelles est à 6 h. 15 ; il faut quelques minutes pour se rendre à la halte de Morlaix, et de suite l'on est en chasse sur le marais. Il faut de préférence s'y trouver à marée basse, car le marais est sillonné de *criques*, autrement dit de petits cours d'eau multiples coulant au fond de fossés très creux. Si la mer est pleine — sauf dans les marées de morte eau — ces criques sont remplies et impossibles à traverser. Lorsqu'il n'y a plus qu'un filet d'eau le gibier descend pour picorer la vermille dont il fait sa nourriture ordinaire. Là, par exemple, commence un exer-

cice de gymnastique : il faut sans cesse sauter ces ruis-
seaux, ou, s'ils sont trop larges, rechercher un gué où
le sable ne mollit pas par trop. Au matin de bonne

LE PASSAGE D'UN CRIQUE

heure on tire, quand le passage est bon, des culs-blancs
qui filent dans les criques comme des éclairs — attention il faut viser presto et juste ! — des barges, courlis.
pluviers, etc., et bien souvent le fusil brûle entre les
doigts. S'il passe une bande de chevaliers aboyeurs, on

les siffle, tant et si bien qu'ils viennent planer au-dessus de la tête, à bonne portée. Dans les herbes et le long des mares de gabion — la chasse au gabion est aussi très fructueuse — des sarcelles surprises par le jour et muchies à l'abri, partent tout à coup d'un vol rapide. La chasse continue jusqu'à ce que la mer montante vous force à regagner le chemin de fer.

La chasse au hutteau est analogue à la chasse au gabion, avec cette seule différence qu'elle se pratique en plein jour. On la nomme aussi chasse au trou, parce que le hutteau « installation », comme disent les marins, est remplacé par un simple trou dans le sable où se cache le chasseur.

Le hutteau « à installation » se compose d'une bâche en toile épaisse : à l'aide de cerceaux en baleine ou en bois, cette toile est surélevée et permet au chasseur de s'y glisser comme dans un cercueil. Sur le devant une ouverture donne juste passage au canon du fusil.

Le huttier doit avoir à sa disposition un bon nombre d'oiseaux empaillés. Parfois ces « appelants » sont en bois et l'adresse du fabricant se voit au résultat.

Cette chasse se pratique le plus souvent à marée montante : le huttier s'avance sur la grève : il choisit un endroit bien en vue et fréquenté par les oiseaux. A la nature du sol, il saura si les gibiers sont assurés d'y trouver la vermille. S'il peut se placer auprès d'un ruisseau dont les bords sont très mous, il le choisira de préférence à tout autre. A l'aide de piquets il plantera ses oiseaux dans l'eau. De cette façon ils se verront beaucoup mieux.

CHASSE AU HUTTEAU : POSE DES APPELANTS

Cette chasse au hutteau est parfois très fructueuse. Le huttier — s'il a quelque pratique — sait imiter les cris des oiseaux[e]; il les sifflera et les indécis se décideront à tomber devant lui ; il lui faudra alors de la patience; il attendra un moment où la bande tombée au milieu de ses appelants est bien compacte pour lâcher son coup de fusil. Et les victimes seront nombreuses.

Mais la plus amusante des chasses, celle qui est la plus nouvelle et la moins connue, est sans contredit la chasse au fanal.

En partant du Crotoy le soir, à marée basse, on peut en une heure environ gagner les quelques cabanes de pêcheurs situées à deux ou trois kilomètres de la pointe de Saint-Quentin. La route se fait en voiture. Ces cabanes, nichées sur un monticule de sable, dans la dune, sont d'une simplicité toute primitive. La chasse se pratiquant à marée montante, il faudra attendre patiemment le moment voulu en cassant une croûte et en buvant quelques bonnes bouteilles. Mais déjà on entend l'eau qui se rapproche : la nuit est noire, tant mieux, la réussite n'en sera que meilleure. Le marin s'est assujetti sur l'abdomen, avec des courroies qui le sanglent, une boîte de biscuits Olibet : le couvercle sur le devant est remplacé par un simple verre et à l'intérieur est fixée une forte lampe à pétrole : on est paré ! On descend la dune pour chercher le flot, le chasseur marchant juste à côté du fanal, afin de ne point laisser projeter à droite ou à gauche une ombre qui effraierait

le gibier. On suit la mer et les vagues mourantes du
flot, fouettent les jambes. Tout à coup, dans la lueur

LE HUTTEAU : AU MOMENT DE TIRER

projetée au bord de l'eau, une forme blanche apparaît
démesurément grande — c'est un oiseau: le porteur

s'arrête : « pan » un cri rauque — c'est gagné ! Cependant qu'on va chercher l'oiseau, il paraît toujours blanc, ballotté sur la vague, mais dès que le fanal arrive dessus, sitôt que la lumière le frappe de près, la couleur vire brusquement, et l'oiseau blanc devient gris et jaune: on le croyait un goéland, c'est un courlis. Et d'un !

La chasse continue ; parfois de gros papillons, toujours blancs, viennent voleter devant la lumière — apparitions étranges, bizarres, incompréhensibles — et l'on tire, sans toujours tuer, car au vol la difficulté est grande pour trouver son point de mire. Les pluviers, chevaliers et courlis forment le principal du tableau. La mer monte toujours ; il faut éviter de se laisser pincer dans un îlot : on se rapproche de la dune, et quand la mer vient la fouetter, quand le chasseur repoussé est obligé de regrimper les monticules. la chasse est finie. Le marin en a assez : la chaleur de la lampe lui brûle la peau du ventre !

On revient — et dans la cabane à l'installation si sommaire — on attend le matin et la marée basse pour regrimper en voiture et regagner le Crotoy ainsi qu'un lit bien mérité. Une recommandation : se servir de très petit plomb, — 8 ou 9 — quoique les oiseaux aient la vie dure, car on tire de très près.

Cette chasse au fanal se pratique seulement depuis peu de temps.

Des mariniers, en allant, à la nuit, tendre les filets, avaient remarqué combien les oiseaux de mer se laissaient approcher à la lumière de leur globe. Ils emportèrent un beau jour leur fusil et firent merveille, mais ne surent garder le secret de leur découverte: depuis deux ans on leur fait une concurrence active. Cette chasse, du reste, n'est pas neuve : les bracos de la Sologne la connaissent depuis longtemps et se servent avec succès du fanal contre les perdreaux et les lièvres.

Au matin, en revenant au Crotoy, on peut encore assister sur son chemin à un curieux spectacle sans bouger de voiture : c'est à la « cueillette » des gibiers prix aux filets par les indigènes des cabanes. Ils tendent le soir, à marée basse, de grands filets — hauts de 3 à 4 mètres sur 50 ou 100 mètres de longueur — à mailles très souples et larges: la nuit, les oiseaux qui suivent le flot montant s'y frappent, s'emmaillent et ne peuvent se dépêtrer. Un roitelet, qui pourrait passer dans une maille plutôt dix fois qu'une, s'il touche le fil d'une aile, culbute et se trouve pris. Le canard est le plus difficile à pincer, car dès qu'il sent une résistance il ferme les ailes et tombe comme une masse au pied du filet. La plupart des oiseaux sont retirés vivants; ils sont vendus soit à des marchands de gibiers, s'ils sont comestibles, soit à des empailleurs, pour orner les chapeaux de nos belles — et l'an dernier ils se vendaient fort cher — soit, enfin, vivants pour peupler les jardins.

La baie de Somme, en été, offre, je le répète, de multiples distractions aux chasseurs, et — l'attrait du sport aidant — les dunes des environs du Crotoy paraissent, aux yeux des disciples de saint Hubert, des plus jolies dans leur laideur.

A LA MER : UNE CHASSE D'HIVER

Sitôt que le thermomètre baisse, sitôt que le ciel se découvre et que la terre commence à durcir, les amateurs de la chasse à la sauvagine préparent leurs « affutiaux », et en route pour les bords de la mer!

Quand le train file — s'il fait nuit — le nez collé aux carreaux qui sans cesse se couvrent de givre et de buée, les voyageurs examinent le ciel. Que la lune soit découverte et que, sur un horizon scintillant d'étoiles, les grands arbres se découpent décharnés, tout le monde alors est heureux; mais si, par malheur, le vent s'élève et tourne vers le Sud, si des nuages follets d'abord, s'épaississant ensuite, montent et couvrent la lune d'un halo, les malédictions vont leur train. Et c'est malheureusement le lot qui attend le plus souvent les chasseurs. Il fait beau, un jour, deux jours, on signale du gibier, on suppose que le temps va durer, on part... en route, on rencontre le dégel. Qui donc n'a pas éprouvé cette déception!...

Ah! chasseurs parisiens, mes frères, combien de fois vous est-il arrivé de parvenir « à temps » sur les lieux? Combien de fois avez-vous réussi, mais là, *réussi vraiment!*

Heureusement nous sommes doués d'une dose de philosophie qui, à la longue, frise presque le ridicule. Mais fait-elle du mal à quelqu'un?... eh bien, alors! Nous avons en nous un espoir souvent déçu mais toujours renouvelé. Il est notre sauveur, notre soutien.

L'embouchure de l'Orne est justement réputée par les amateurs de chasse à la sauvagine. Ils prennent comme quartier général, Ouistreham et Sallenelles, d'où ils n'ont qu'à faire un pas pour grimper en barque, et de suite ils peuvent s'apprêter à brûler des cartouches. C'est, en effet, la chasse en canot qui est la plus pratiquée et aussi la plus fructueuse. Sur les bords les tireurs sont trop nombreux pour réussir, le gibier ne se pose que sur les bancs inaccessibles aux piétons. La petite baie où l'on évolue est parfaitement abritée et les gibiers d'eau s'y plaisent beaucoup; ils y trouvent abri contre les froids trop durs, et cherchent dans les vases la vermille dont ils font leur nourriture. Aussi, en toutes saisons, on peut s'amuser, mais c'est en hiver que l'on a le plus de chances de tuer du beau gibier.

L'EMBARQUEMENT A LA ROCHE

Que l'on aille à Ouistreham ou à Sallenelles, il faut descendre à Caen, et de là, par un petit chemin de fer d'intérêt local, on arrive à destination dans un temps très variable, les horaires des trains étant fort peu respectés. Le pays n'est guère joli; la baie est sale, grise, et la seule vue de monticules de sables vaseux n'a en elle-même rien de bien attrayant. Cependant l'amour de la chasse est là qui vous attire; le froid pince ferme depuis quelques jours, voici le petit télégraphiste, avec ces simples mots, tant attendus: « Arrivez, il y a du gibier en baie. » En route! Un vieux fusil qui ne craigne pas la mer, une rouillarde à longue portée fera l'affaire. Le Winchester à six coups est précieux pour cette équipée. Comme plomb, du 8 pour le petit gibier, puis du 4 et quelques cartouches de triple zéro à destination des oies sauvages ou autres oiseaux de grande envergure.

Il faut, pour passer une bonne journée en barque sans bouger, et parfois sans mettre pendant 7 ou 8 heures le pied à terre, une bonne peau de bique et des vêtements très chauds quand le thermomètre marque sept ou huit degrés au-dessous de zéro. On souffre surtout du froid aux pieds: les meilleures bottes ne tiennent pas la chaleur, mieux vaut s'embarquer en sabots avec une paire de pantoufles, ou avec des snowboots.

Mais nous sommes à Sallenelles, il fait beau, pas de

EN MER

vent. En route donc! On embarque à la roche, juste à l'endroit où aboutit le canal et où la baie commence à prendre de l'importance. Un escalier rendu glissant par la vase apportée par les grandes marées, descend sur les barques aux amarres: cependant, avant d'y arriver, on peut faire un petit tour sur le marais, autour des mares de gabion. Quand la mer a couvert, c'est-à-dire dans les grandes marées, le marais est bon pour la bécassine: il est malheureusement trop petit, et aussi trop chassé. M. Michel Carré, dont nous avons souvent à applaudir les pièces sur nos théâtres parisiens, est adjudicataire des deux meilleurs gabions. Il a tué cette année plus de cent sarcelles, rien que dans son mois d'août. Ses canards appelants sont dressés à ravir. Sitôt leurs entraves détachées, ils partent gravement en bande pour rejoindre le pays. Cependant, quelques-uns s'envolent, partent en arrière, et c'est une course folle de Canard contre canard, car le fidèle gabionneur de M. Michel Carré porte ce nom prédestiné. Une fois en barque, il faut filer à l'aviron; à cette époque de l'année on trouve des grèbes en baie, sans compter les petits gibiers et les courlis si méfiants, mais qui viennent assez bien au sifflet. En mer, un peu au large, le col vert, les sarcelles sont à certains jours en nombre. La macreuse, ce canard noir si curieux, n'est pas rare. Sa chair ne vaut pas grand'chose, mais le coup de fusil est amusant et l'on arrive à faire de jolis tableaux. Ajoutons à cela et les mouettes et les goélands, si durs à descendre, et l'on parvient à s'amuser très gentiment.

Mais on ne réussit vraiment bien à Sallenelles que lorsqu'il fait très froid; s'il gèle dur, les bandes d'oiseaux palmés ou de gibier de marais quittent les étangs et l'intérieur des terres. Ils viennent en foule le long de la mer et à la marée descendante, trouvent là où le flot se retire un terrain encore mou et où ils peuvent picorer. La chasse en canot est très amusante parce qu'elle procure des émotions très vives. Aperçoit-on un gibier ballotté sur la vague, doucement, sans à-coup, on fait approcher la légère embarcation, soit à la rame, de préférence à la voile. Couché sur une botte de paille dans le fond du bateau, le chasseur crispe fiévreusement son fusil souvent, trop souvent, hélas! l'oiseau prend son vol hors de portée. S'il se pose un peu plus loin, la poursuite recommence; mais après quelques vols l'oiseau se fatigue, il finit par prendre confiance et l'on parvient souvent à le tirer. Le malheur est que parfois il se trouve dans un endroit où il n'y a pas assez d'eau; et tout à coup « tac », le bateau échoue: rien à faire alors, sinon que de chercher à repartir au plus vite en arrière, car, si la mer baisse, on risque fort de rester de longues heures sur le banc de sable en attendant le flot remontant.

Alors on prend son mal en patience, on peut se faire

creuser un trou dans le sable, le long d'une crique
sorte de rigole coulant au fond d'un ravin. On dispose
autour de soi des appelants: les marins de Sallenelles

UNE BANDE DE CANARDS

joignent à leur métier celui d'empailleur; ils savent
conserver aux gros gibiers des grèves, comme aux
mille espèces de petits, l'aspect d'oiseaux vivants.
Assis au fond du trou, les yeux à hauteur du bord

supérieur, on su.t le vol des oiseaux; des bandes de
« petites » viennent-elles à passer, vite on les siffle en
imitant leur cri. Le vol se rapproche; en apercevant
les appelants, elles viennent sans méfiance se poser
auprès de leurs camarades. Deux coups de fusil dans
la bande font, en général, bon nombre de victimes.
C'est aussi le meilleur moyen de tuer les courlis qui.
à marée basse, courent comme de grosses poules, à la
recherche de leur pâture, sur les bancs de sable lais-
sés à découvert.

Ils sont roublards et ont au plus haut degré l'instinct de la conservation; rien d'amusant comme de les
voir tourner autour des appelants : à examiner leurs
confrères attablés et semblant picorer, ils supposent
que le terrain regorge de « pelouses », c'est-à-dire
de ces petits vers de mer, qu'ils adorent. La gourman-
dise les pousse à une audace souvent fatale!

Il est encore une chasse assez intéressante et souvent fructueuse. Le chasseur échoué, un banc de sable
peut tenter « le coup des dunes ». S'il a aperçu le long
d'un monticule de vase, où le long d'une dune élevée.
des oiseaux en train de picorer, il contourne l'obs-
tacle de loin. En se faufilant à pas de loup, en marchant recourbé à la manière des Indiens, il approche
sans être vu. En arrivant auprès du petit vallonne-
ment il rampe, rasant encore la terre davantage.
Enfin, lorsque, après mille et mille précautions, il

parvient auprès du sommet, il se redresse brusquement. Les oiseaux, un instant ébahis, demeurent stupéfaits et avant qu'ils aient eu le temps de se reconnaître et de prendre leur vol un coup de fusil est déjà parti et quelques victimes jonchent le sol. Le chasseur peut redoubler aisément. Ces coups de dune réussissent souvent, mais il faut agir avec précaution, sinon on est éventé et la belle manœuvre est inutile!

Mais le grand air fait du bien ! On trouve dans les dunes un coin bien abrité du vent qui cingle et fouette la peau, et l'on déjeune royalement d'un peu de viande froide arrosée d'un cidre « amoureux à boire et quasiment soulatif » comme l'on dit en Normandie.

Après une bonne journée de plein air, une nuit de gabion n'est-elle pas indiquée ? Et pour peu que « ça tombe », on remet le sommeil aux calendes grecques, sans plaintes ni murmures...

UN COUP D'AFFUT

UNE BATTUE AUX SANGLIERS

Les environs de Rouen sont réputés pour être parmi les plus jolis endroits de la Normandie; les touristes leur rendent de fréquentes visites et se plaisent à remonter les bords de la Seine où ils rencontrent à chaque instant des sites pittoresques et un paysage toujours souriant, toujours pimpant et toujours nouveau.

Une invitation de chasse au sanglier m'a valu, il y a quelques semaines, le plaisir d'une de ces promenades qui restent longtemps dans l'esprit et dont le souvenir plus tard est toujours agréable. Il faut vous dire que les bêtes noires sont nombreuses dans les forêts de cette région et que depuis quelques années elles ont même considérablement augmenté et font de sérieux ravages dans ces campagnes fertiles. Le but du voyage était Duclair, — Duclair célèbre par ses canards — de vrais

canards pour une fois — et que je vous recommande !
Au sortir de Rouen on trouve de suite la longue côte
de Canteleu, « patelin » cher au « Bel Ami » de Guy
de Maupassant. Les champs étaient, l'autre jour, en
partie inondés et le panorama grandiose qui se dérou-
lait sans cesse devant les yeux n'en était que plus beau.
L'eau, miroitante aux reflets du soleil du matin, fai-
sait un contraste étrange et charmant avec la verdure
encore tendre et les couleurs rosées des fleurs de
pommiers. — Canteleu —, puis plus loin la forêt de
Roumarre avec ses bois de pins aux senteurs vivi-
fiantes, ses côtes abruptes et sauvages.

Nous sommes, du reste, en pays de forêts: l'équipage Bardin, pratique en forêt de Roumarre ; à côté
se trouve celle du Trait; de l'autre côté de la Seine on
aperçoit la forêt de Maulevrier, que sais-je encore —
des forêts, des forêts et toujours des forêts vives en
gros animaux.

La route était aussi bonne que jolie; la Normandie
a du reste le secret d'avoir des routes roulantes et bien
tenues. Les chauffeurs les affectionnent mais j'avoue
— pauvre arriéré — que je préfère m'y promener
avec un bon cheval qu'avec un teuf-teuf si rapide que
l'on n'a pas le temps d'admirer le paysage... De
Rouen à Duclair emporté par un bon trotteur normand — un ex-gagnant de bonnes courses s'il vous
plaît — qui, malgré les côtes, vous fait une moyenne

de 2 minutes 40 le kilomètre, n'est-ce pas le rêve... et
j'ai vécu ce rêve! — Mais voici Duclair gentiment
niché entre la Seine et une colline, je dirais presque
une falaise. — Un bac élégant traverse les charrettes
et les bestiaux retour des champs situés sur l'autre

LE RAPPORT

rive et la Seine n'est plus là la Seine de Paris : elle est
plus imposante et moins boueuse, ce qui ne lui est
pas difficile, il est vrai !

Nous retrouvons toute une bande de joyeux
« soleils », tous chasseurs enragés et amateurs de
tout ce qui est sport. — Allons ! quelques douzaines
d'huîtres et un pichet de cidre, et l'on sera d'attaque
pour viser bien juste ! La forêt où nous allons faire
des rabats appartient à l'Etat; c'est la forêt du Trait
— qui se trouve entre Duclair et Caudebec.

La chasse à courre appartient à M. Prat-Cauvin,
dont le vautrait fait prises sur prises, mais les animaux sont, malgré tout, encore fort nombreux, aussi
M. Prat-Cauvin, par un sentiment de grande délica-
tesse, a-t-il tenu à ce que son co-locataire de la chasse
à tir profite avec ses amis de cette abondance de bêtes
noires et l'a-t-il fort aimablement autorisé à procéder à quelques rabats. — La maison du garde est
tout là haut: au « Carrouge », me dit-on. Carrouge ?
n'est pas chat rouge? car l'on sait qu'en Normandie
on dit ça pour chat? mais non, je regarde sur la carte
et — excusez-moi aimables lectrices — je lis cul
Rouge! Va pour... chose Rouge! Comme nous arri-
vons, le garde et le piqueur que M. Raoul Le Berr,
lieutenant de louveterie, a obligeamment mis à notre
disposition avec son limier, reviennent de faire le bois.

Le rapport n'est pas brillant; la chaleur est venue
vite, et le limier n'a pas su démêler les voies. Trois
sangliers sont rembuchés, mais rien de certain pourtant. Enfin, on se décide à partir, non pas avant

d'avoir entendu un petit speech bien senti du président de la chasse: il recommande la prudence, interdit les chevrotines, etc., etc., et en place pour le premier tableau de la jolie pièce — pardon, je voulais dire pour la première battue.

Aux battues de sangliers on tire rarement, mais

EN PLACE POUR LA BATTUE

l'émotion est incessante — on espère ! Quand tout à coup, on perçoit le bruit de feuilles que remuent en marchant les bêtes noires, le cœur bat plus fort... on cherche déjà la place où l'on pourra tirer, on se demande l'endroit où elles vont passer; puis le bruit

LE DÉJEUNER

s'éloigne et c'est là-bas tout au bout de la ligne que l'on entend un coup de fusil. Tant pis! ce sera pour une autre fois !

A cette première battue une vingtaine de coups de

fusil ont été tirés et les rabatteurs ont levé de 16 à
18 sangliers, 2 biches, 1 cerf, 2 chevreuils et 1 renard...
et tout à l'heure le garde et le piqueur qui n'avaient

UNE VICTIME

pas l'air content ! ils ont voulu nous ménager une sur-
prise, ou plutôt ne pas se compromettre. Mais on crie
« hallali » par en haut... « Bravo, une belle laie ma
foi ! » Je la considère et je cherche la balle. Du côté

gauche, je ne vois rien... je la fais soulever et j'aperçois dans le flanc droit quatre trous bien marqués:
« Ah, fumiste de président... tu interdis les chevrotines ! mais chut, je fais comme toi, mon vieux: d'abord
mon fusil est choke et les balles faites exprès pour les
chokes ne m'inspirent pas pleine confiance, malgré
les serments de mon armurier ».

Et la chasse continue; mais vers 1 heure le soleil
tape dur d'autant plus qu'il ne nous a pas gâtés cet
hiver et qu'on l'a un peu oublié. Nous sommes au
« Val Herbeux » : il y fait frais et le déjeuner
champêtre est là qui nous invite :

Vive le cidre de Normandie !

Le restaurant de Duclair est parfait et sa cuisine
est appréciée. Les histoires de chasse, de chevaux
battent leur train. Un des invités nous fait admirer
sa jument, une magnifique bête avec laquelle il est
venu tout doucement du Havre:

Tout doucement, s'écrie un blagueur, elle ne peut
pas faire autrement ! elle ne trotte pas, cette bête-là :
elle joue du piano !

N'empêche que son propriétaire qui est en extase
devant ses lignes l'a dételée en route comme il passait devant un dépôt d'étalons et l'a fait saillir... puis
est reparti. J'espère que l'an prochain il viendra avec

la mère et l'enfant qui ne pianottera pas, celui-là !
Mais, il y a encore des cochons à tuer, en route donc !

Et les émotions recommencent. Les sangliers sont
malheureusement têtus et veulent tous rebraquer en
arrière. Un rabatteur en lève un sous ses pieds et lui
donne un coup de bâton sur le grou'n l'animal pousse
un grognement et se dérobe. Enfin, un adroit tireur,
qui habite les environs et connaît admirablement
la forêt, met bas un beau ragot. A côté de moi, un
chasseur tire un renard à balle... il le cherche, mais
le renard s'est tiré des flûtes avec l'air de se moquer
pas mal'des gros pruneaux. Jusqu'à 6 heures on continue les traques, puis on sonne la retraite et on
revient à Duclair.

Sur les bords de la Seine les apéritifs coulent à flots,
le pays entier est réuni autour des cochons qu'on
admire avec respect. Un poivrot normand qui a vidé
bien des bouteilles dans sa journée, les contemple d'un
œil navré :

Ce sont les miens qu'ils ont tués! dit-il presque en
larmes, je les connaissais !

Il a une bonne tête de braco, ce bonhomme, et un
aimable invité le boute-en-train de toutes les chasses
de Normandie :

— Dis donc le pé, je parie une absinthe que tu ne
sais pas faire une cravate?

Mais lui, sans résistance devant une verte qui est

là bien tentante, tire de dessous son gilet un beau fil
de laiton et fait — au nez des autorités dûment asser-
mentées et ahuries — le plus joli collet qu'on puisse
rêver. Et tout le monde de se tordre, et lui de s'esqui-
ver, non sans avoir bu la « purée ».

Oh! quel beau pays, que cette Normandie! Il y a de
la chasse, de la pêche, il y a de tout et les Normands
reçoivent royalement quand ils se mêlent de recevoir !

Quant au paysan normand, on a prétendu qu'il
naissait les doigts crochus, ce qui est possible, mais
moi je croirai plutôt qu'il naît avec une réserve inépuisable de collets dans ses poches, comme il vient
au monde — sans aucun doute — la dalle en pente
et je ne lui en veux pas pour cela.

CHASSE AU GRAND-DUC

Tous les amateurs de la vie au grand air connaissent la haine des oiseaux diurnes contre les
oiseaux nocturnes. Utilisant cette animosité instinc-
tive de races certains chasseurs ont fait venir il y a
quelques années des grands-ducs d'Autriche pour la
destruction des oiseaux de proie nuisibles au gibier.
Et ce sport nouveau est vite devenu à la mode, puisqu'en étant utile pour le bien de nos chasses il consti-
tue en même temps un agréable passe-temps. L'inconvénient du grand-duc vivant est que l'oiseau est d'un
caractère plutôt peu commode. Comme il est doué
d'une force très grande, que son bec et ses serres
sont fort redoutables, on a trouvé plus avantageux de
tenter l'emploi du grand-duc empaillé. Pas de précautions à prendre pour éviter un coup de bec dou-
loureux, pas de soins pour la nourriture de l'oiseau.

enfin pas de complications pour le faire voyager. Vivant, le grand-duc se vend couramment de 50 à 60 francs. Mort il en vaut 80, mais il est articulé et à

LE GRAND-DUC

VU DE L'INTÉRIEUR DE LA CABANE EN BRANCHAGES

l'aide de ficelles on lui fait remuer tantôt la tête, tantôt les ailes. De loin on s'y tromperait, et lorsqu'on s'embusque dans la campagne, si la chasse est ouverte et la plaine communale, il faut prendre garde de ne pas laisser saller l'oiseau par le plomb d'un chasseur ignorant du procédé et un peu chaud du fusil; on pourrait lui décoller les plumes ou casser son mécanisme si perfectionné !

L'installation d'une cabane est assez délicate. J'en ai vu de tous genres : les unes en branchages et le plus souvent adossées à un boqueteau ou à un buisson, les autres souterraines. Ces dernières sont plus difficiles à établir, et elles ont l'inconvénient qu'on limite son champ de tir à un espace très étroit. Elles ont, par contre, l'avantage de moins se voir. Dans les cabanes en branchages les meurtrières peuvent être placées de tous côtés. On a plus d'espace pour tirer et on se rend mieux compte de l'arrivée des oiseaux par les interstices qui se trouvent dans l'entrelacement des branches. D'une façon comme de l'autre la disposition de la cabane est à étudier avec soin et peu à peu, avec de l'expérience, on arrive à la rendre pratique et d'une bonne utilité.

Les espèces d'oiseaux qu'on peut tuer varient à l'infini. Le principal du tableau est formé par le corbeau d'abord puis la pie, le geai, et enfin les émouchets, crécerelles, buses, busards, etc... C'est au moment des passages des oiseaux de proie que la réussite est toujours la meilleure, mais en tous temps à peu près on a des chances de brûler des cartouches. Un dicton

d'un ouvrage très ancien intitulé le *Vieux chasseur*
nous dit :

> Au jour tous les corbeaux du monde
> Sortent des bois quand le vent gronde.

et sur la gravure illustrant cette légende, on voit un
individu en bordure d'un bois rechargeant son fusil
à baguette : autour de lui beaucoup de victimes et
en l'air des bandes de corbeaux. Or le fait est réel et
je l'explique ainsi : lorsqu'il fait grand vent les corbeaux passent beaucoup plus bas en allant au gagnage
dans les plaines; ils suivent de préférence les bois
où les arbres coupent le vent et leur donnent plus de
facilité pour voler. D'octobre à fin janvier, mais surtout en novembre, on peut être certain de faire les
hécatombes par des temps d'ouragan.

La corneille sitôt qu'elle aperçoit le grand-duc se
met à croasser. Puis elle décrit une courbe qui généralement va en se rétrécissant : il faut pour la tirer
choisir le moment où elle se présente de face: le plomb
pénètre mieux. Parfois des bandes énormes se mettent
à planer au-dessus de l'oiseau de nuit et c'est un bruit
assourdissant! Elles sont là des centaines et des centaines, mais il est rare alors qu'on puisse en tuer, car
elles se tiennent à distance respectueuse. Les isolées
ou les petits vols de trois à quatre s'approchent beau-

LE GRAND-DUC ET UNE DE SES NOMBREUSES VICTIMES

coup mieux. Si on en tue une, il vaut mieux la laisser sur place; les autres se figurent que le grand-duc a fait une victime et leur rage est d'autant plus grande.

L'émouchet et la crécerelle viennent sans bruit, et vite, sans qu'on s'y attende. Le premier ne fait que passer, il faut tirer promptement: la crécerelle plane parfois au-dessus, et revient souvent même lorsqu'on l'a manquée.

Les busards arrivent d'un vol lourd, ils sont faciles à tuer. La pie jacasse beaucoup avant de se décider à approcher; elle ne passe qu'une fois, mais fréquemment se pose au pied du poteau. Les geais poussent aussi des cris épouvantables. Dans une cabane en branchages on peut les tirer au posé sur les arbres voisins, ce qui n'est pas possible dans une niche souterraine. Comme plomb, on se sert généralement du 4 et du 5: ce sont les meilleurs numéros. Quant à la distance à laquelle on doit placer le piquet supportant le grand-duc, elle n'est pas aisée à apprécier. Si on le pique trop près de la cabane, il arrivera fréquemment que les oiseaux en volant au-dessus du grand-duc sont invisibles ou plutôt intirables, se trouvant au-dessus de la zone de tir. Entre vingt et vingt-cinq mètres, la distance sera bonne.

Il faut aussi faire le choix de l'endroit où l'on fera construire la cabane. J'ai dit qu'on la plaçait d'ordinaire soit en bordure du bois, soit adossée à un buisson; il faut encore se rendre compte si le lieu est bon. Dans toute propriété, il y a un chemin que suivent de préférence les corbeaux et les oiseaux de passage. Les années se suivent et cette « coulée » que l'observation seule détermine, reste toujours la même. Evidemment, on trouvera le bon coin après quelques tâtonnements : rien n'empêche d'avoir plusieurs cabanes ou plusieurs « souterrains » les premières tout au moins ne sont pas longues à construire.

Il y a, à la chasse au grand-duc de curieuses études à faire sur les mœurs des oiseaux. On s'amuse, je dirais plus, on arrive à se passionner à ce sport. Et comme on peut en profiter, même en temps prohibé, on y trouve un charme de plus; on fait enfin de la bonne et utile destruction pendant que les gibiers, protégés de leurs ennemis, s'occupent en paix de repeupler les terres pour la prochaine ouverture.

FERMETURE ! POUR PASSER LE TEMPS...

On ferme! on ferme!... Déjà, hélas!... La morte saison pour messieurs les disciples de saint Hubert va commencer. Elle est longue, oh combien! la période qui va de fin janvier au commencement de septembre. Tout le monde n'a pas le loisir d'aller faire un coup de fusil au bord de la mer, là-bas où le gibier n'est pas protégé. Tout le monde ne possède pas un étang pour chasser le halbran dès le mois de juillet. C'est donc, pour beaucoup, le fusil pendu au clou durant de longs mois. Mais n'y a-t-il pas des chasses légales, des chasses permises pendant la fermeture? Que si, chasseurs, mes frères, allez en campagne et détrui-sez les animaux nuisibles : le gibier vous dira merci. Avec le grand-duc attaquez-vous aux oiseaux de proie. cherchez au trou les renards et les blaireaux. Dénichez les fouines dans leurs repaires... Vous ne connaissez pas cette chasse?... je vais vous l'enseigner, si vous le permettez, avant de vous dire au revoir. Car elle entre dans le cadre que je me suis tracé : si le renard et le blaireau ne procurent au déterrage qu'exceptionnellement l'occasion de tirer, la fouine, elle, s'offre souvent aux plombs, et le coup de fusil en vaut la peine...

La chasse aux fouines ? mais n'est-ce pas la *chasse au-dessus de terre*, par antithèse à la *chasse sous terre?* Elle se passe, en effet, dans les granges, dans les greniers, sous les toits, au palais des chats, devenu, en l'occurrence, le palais des fouines et des putois.

Tous les chasseurs connaissent la fouine : cousine germaine du putois, cousine issue de germaine du furet, la fouine n'est pas rare en France; je dirai même qu'elle y est fort commune. Et si nombre de disciples de saint Hubert n'ont eu l'occasion d'en tirer une, cela tient simplement à ce que la Dame est fûtée et ne se montre guère pendant le jour. Elle dort sous les tas de foin, dans les fagots, et au besoin même dans un terrier de lapin, lorsqu'elle a choisi pour résidence une garenne bien peuplée: le soir elle sort à la brume et commence ses méfaits. La coquine passe partout; souple comme un chat — plus souple même — elle grimpe aux arbres, bondit par-dessus les murs, rien ne l'arrête. Elle est d'une audace inouïe et ne craint pas de venir au poulailler dénicher les œufs et assassiner les volailles, dont elle suce le sang. Elle est donc, à mon sens, plus dangereuse que le renard; il

SUR UNE MEULE

semble qu'elle tue pour le plaisir de tuer : elle est sanguinaire avant tout.

Mais nous sommes à la chasse de la vilaine et pourtant si gentille petite bête. 5 heures du matin! Il fait superbe et dans la cour de la petite chaumière normande où nous avons passé la nuit, on entend la voix du maître d'équipage :

— Allons debout, debout, le soleil va taper, il faut travailler de bonne heure!

Les petits chiens courent comme des fous dehors, et aboient joyeusement. Déjà le patron a entassé dans sa voiture sa meute hétéroclite où le bull croisé de chien courant voisine avec un fox terrier très pur, tandis qu'un malin petit griffon, d'une race indéfinissable ronchonne autant que faire se peut! — On s'empile dans la voiture en écrasant un tantinet les pattes des pauvres toutous qui geignent et... en route! A la chasse aux martres on va « à la bilbaude ». En passant le long des fermes « halte là » et en grimpant sur le siège on inspecte les toits des bâtiments. Si on perçoit sur le chaume roussi et battu par les pluies une rentrée quelconque, si les chasseurs ont éventé la bête avec un flair de vieux limier on saute bas de la voiture. Le « pé Anselme » le fermier des lieux, est sorti au bruit :

— Té bonju, mon pé, dit le maître d'équipage toujours familier et bon enfant, c'est y qu'y a des martres chez toi?

— Bonju, m'sieu, répond le vieux,... des martres? p't'êt' ben qu'oui, p't'êt ben qu'non... j'sais point... et puis pou quoué faire?

Le fermier normand est méfiant, mais méfiant en

DESCENTE DES CHIENS APRÈS LA VISITE DE LA GRANGE

diable. On lui explique bien que les martres gobent ses
œufs, détruisent ses poulets et saignent ses lapins...
il le sait bien. Mais le vieux est incrédule.

S'il est absent, la permission est vite accordée ! les
serrures des vieilles portes ne sont guère résistantes.
Voici déjà le piqueux grimpé dans la grange : il
furette, il renifle :

— Ça pue bon, dit-il, passez-moi Jim!

Le petit chien saute sur les bottes, se coule dans la
paille ou dans le foin; tout à coup il se met à japper.
« Hardi, mon beau! » l'attaque est bonne, on découple
la meute, tandis qu'autour de la ferme deux ou trois
chasseurs prudents veillent, le fusil prêt. Là-haut,
l'homme détasse; dans la grange il fait chaud, et,
pour travailler au milieu de la poussière soulevée, il
faut de « l'estomac ». Mais, s'il y a du gibier, coûte
que coûte, on le verra. La martre est toujours invi-
sible, mais les petits toutous s'en rapprochent; les
aboiements sont plus fréquents :

— Elle est là, elle vient de sauter sur la poutrelle,
crie le piqueur! Hardi, hardi, mes beaux!

La martre a bondi sur le toit, elle file sur le sommet
et souvent un des chasseurs la descend d'un coup de
fusil. Mais, si elle se trouve sur le côté du toit et qu'il
y a danger de tirer pour les hommes qui sont à l'intérieur, il faut attendre. La martre dégringole et saute
en bas. Il est assez rare, alors qu'on la laisse échap-

per. Si, pourtant, elle y parvient, elle regagne le plus souvent un bâtiment, ou grimpe dans un arbre, et la chasse recommence.

Je me souviens d'un certain jour, alors que tout en haut, dans la grange, ça ronflait ferme, la bête de chasse, sortie je ne sais d'où, me sauta sur la poitrine. Non pas, grand Dieu, qu'elle eût la mauvaise intention de s'attaquer à moi. Non ! Mais, comme je restais immobile, ne bougeant pas, avec l'espoir qu'elle chercherait la fuite de mon côté, la pauvrette, affolée, m'avant pris probablement pour un arbre, s'était servie de moi comme point d'appui pour sauter à terre. Je dois confesser, à ma honte, que, fort ému par cette diabolique apparition, je manquai la bête. Elle trouva à se « muchir » dans un four à pain, où les petits chiens ne furent pas longtemps à la retrouver et même à l'étrangler.

Lorsque la fouine a pris pour domicile un tas de fagots, le travail pour détasser est plus terrible encore. Elle se cache, du reste, dans des coins impossibles et est, parfois, très difficile à dénicher. Des carcasses de poulets, des paniers d'œufs, très proprement vidés, des dépouilles de levrauts, de perdrix, décèlent sa présence.

La destruction de la fouine est donc fort utile en même temps qu'amusante, et le soir, après une bonne journée, lorsqu'on rentre avec quelques victimes au tableau, on entend avec plaisir les perdrix et les cailles à l'abri des moissons dorées qui — comme pour vous remercier — lancent des « pirouic » et des « paie tes dettes » répétés par l'écho dans le soir calme de la campagne.

FIN

TABLE DES MATIÈRES

Paris.-Imp. Paul Dupont. — 651.5 05